LibroQuaderno

Percorsi di Matematica

3

- NUMERI
- SPAZIO E FIGURE
- MISURE
- RELAZIONI, DATI E PREVISIONI
- PROBLEMI

La Spiga
EDIZIONI

INDICE

RAGGRUPPARE

1 Raggruppo secondo le indicazioni e completo le tabelle, come nell'esempio.

Per 2

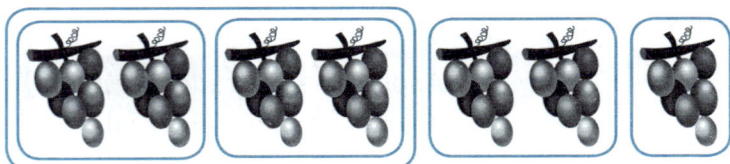

gruppi da 4	gruppi da 2	unità
1	1	1

Per 3

gruppi da 9	gruppi da 3	unità

Per 4

gruppi da 16	gruppi da 4	unità

Per 5

gruppi da 25	gruppi da 5	unità

Per 6

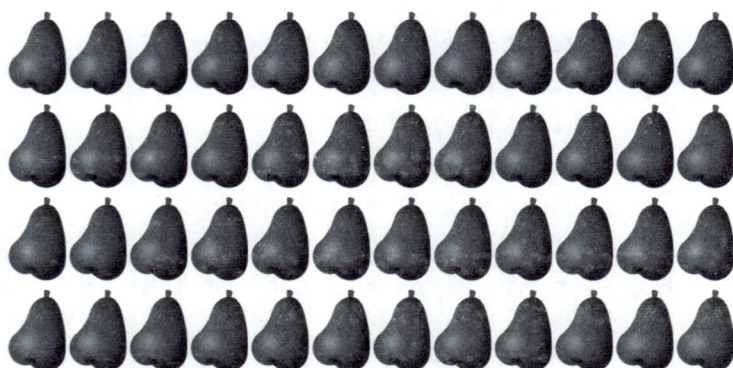

gruppi da 36	gruppi da 6	unità

Per 7

gruppi da 49	gruppi da 7	unità

Per 8

gruppi da 64	gruppi da 8	unità

Per 9

gruppi da 81	gruppi da 9	unità

Per contare più rapidamente si ricorre al **raggruppamento**.
Il raggruppamento minimo è quello **per 2**, chiamato anche **binario**.
È possibile raggruppare per 3, per 4, per 5… all'infinito.
Passando da un ordine all'altro, la quantità stabilita
di raggruppamento si moltiplica per se stessa:
2 volte, 3 volte, 4 volte… all'infinito. Esempio:
raggruppamento x 4
1° ordine unità sciolte,
2° ordine 1 x 4 = 4,
3° ordine 4 x 4 = 16,
4° ordine 4 x 4 x 4 = 64…

LE LINEE

1 Per ogni descrizione, disegno la linea corrispondente, come nell'esempio.

Se faccio scorrere la biro sulla pagina ottengo dei "segni", cioè linee di diverso tipo.

Se alla biro faccio cambiare continuamente direzione, traccio una **linea curva**.
È una **linea aperta** se ha un inizio e una fine.

È una **linea chiusa** se ritorna al punto di partenza.

Se faccio mantenere alla biro sempre la stessa direzione, traccio sul foglio una **linea retta**.

Se con la biro percorro un breve tratto rettilineo, con un inizio e una fine, ottengo un **segmento**.

Se cambio ogni tanto direzione, traccio una **linea spezzata**, che può essere **aperta** o **chiusa**.

Se con la biro descrivo dei tratti curvi e dei tratti rettilinei, ottengo una **linea mista**.

Se con la biro attraverso una linea già tracciata, ottengo una **linea intrecciata**.

Data ....

LE LINEE

1 Unisco i punti in ordine alfabetico con dei segmenti, poi completo la frase.

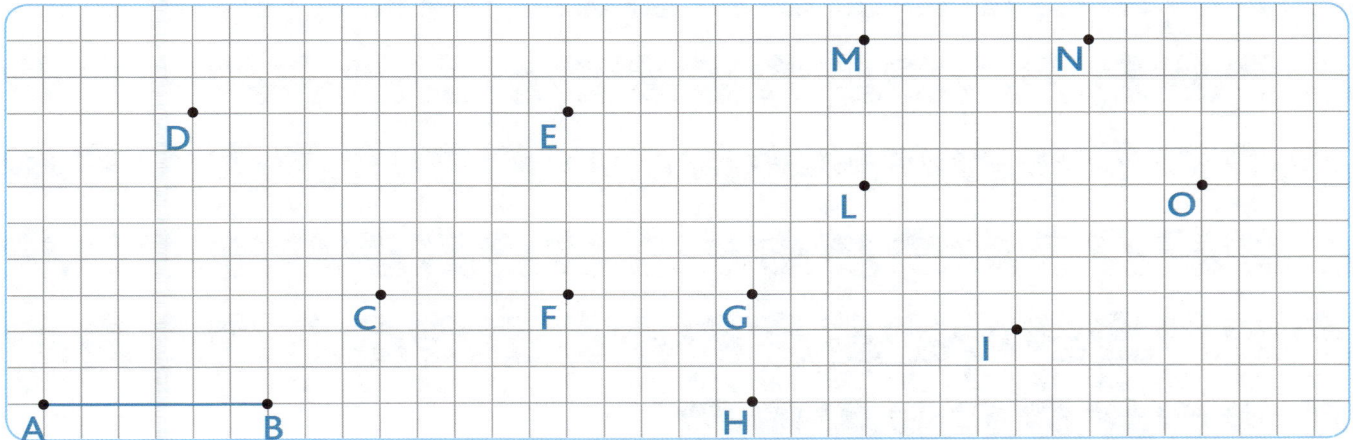

- Ho ottenuto una linea ....

2 Unisco i segmenti con delle linee curve, poi completo la frase.

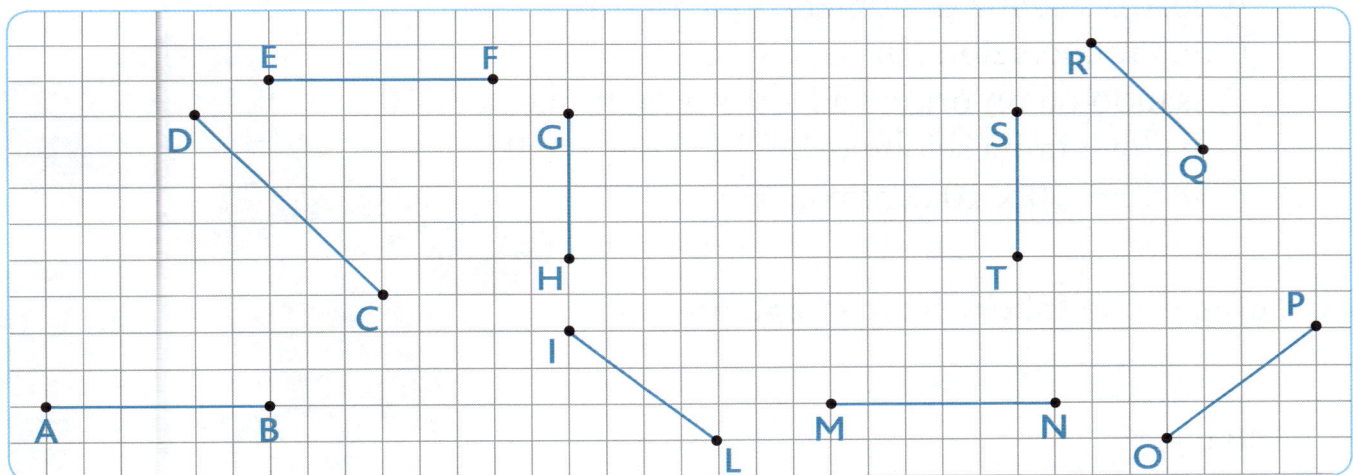

- Ho ottenuto una linea ....

3 Nei due disegni unisco i punti da 1 a 5 e completo le frasi.

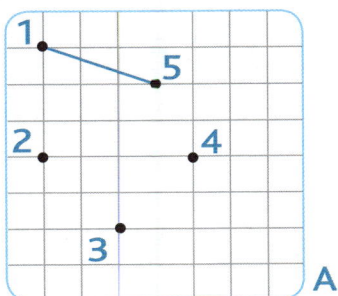

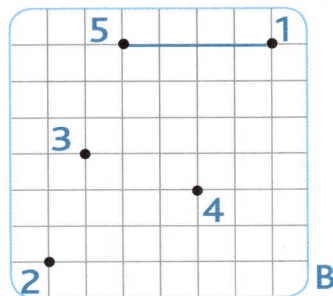

- Nel disegno A ho ottenuto una linea ....
....
- Nel disegno B ho ottenuto una linea ....
....

RAGGRUPPARE PER 10

1 Raggruppo per 10 e registro in tabella.

centinaia	decine	unità

Il nostro sistema di numerazione ricorre a **raggruppamenti per 10**.
È una numerazione in **base 10** o **decimale**.
Passando da un ordine all'altro si moltiplica per 10.
1° ordine: unità sciolte (**u**), **2° ordine**: 1 x 10 (**da**),
3° ordine: 10 x 10 centinaia (**h**)…

2 Completo le tabelle, come negli esempi.

	h	da	u
648 u	6	4	8
87 u			
9 u			
444 u			
80 u			

	h	da	u
3 h	3	0	0
48 da			
37 u			
23 da			
5 h			

Nel nostro sistema di numerazione le cifre hanno diverso valore a seconda del posto che occupano nel numero.
Il **nostro sistema di numerazione**, infatti, è **decimale** e **posizionale**.
25**3**   la cifra 3 vale 3 **u**
4**3**7   la cifra 3 vale 3 **da**, cioé 30 **u**
381   la cifra 3 vale 3 **h**, cioé 30 **da**, cioé 300 **u**

SISTEMA DI NUMERAZIONE DECIMALE

1 Combino le cifre date in modo da ottenere numeri sempre diversi, come nell'esempio.

3

6

8

h	da	u	numero in lettere
3	6	8	trecentosessantotto
3			
	3		

2 Calcolo il risultato finale.

58	+ 4 da	....	+ 1 h	....	+ 12 u	....	+ 9 da	....	+ 3 h
									....

....	+ 7 h	....	− 8 da	....	− 70 u	....	− 4 h	....	+ 15 da

300		....	− 8 da	....		....	+ 30 u	....
− 4 da		+ 5 h		− 26 da		+ 60 u		+ 12 da
....		....		....		....		....
+ 1 h	....	− 2 da		− 4 h	....	+ 9 da		+ 3 h	....

3 Completo le frasi con il numero esatto.

- Il numero più piccolo formato da una sola cifra è ....
- Il numero più grande formato da una sola cifra è ....
- Il numero più piccolo formato da due cifre è ....
- Il numero più grande formato da due cifre è ....
- Il numero più piccolo formato da tre cifre è ....
- Il numero più grande formato da tre cifre è ....

PROBLEMI

SUPERMERCATO

1 Osservo e risolvo i problemi.

a. Nello scaffale di un supermercato ci sono 8 ripiani, su ognuno dei quali sono disposti 24 barattoli di pelati. Quanti barattoli di pelati in tutto?

Operazione in riga

... ... = ...

Operazione in colonna

h	da	u
		=

Con il diagramma

Rispondo. ....

b. Alla fine della giornata sullo scaffale ci sono ancora 67 barattoli. Quanti barattoli sono stati venduti?

Operazione in riga

... ... = ...

Operazione in colonna

h	da	u
		=

Con il diagramma

Rispondo. ....

LE LINEE

1 Completo.

La mia biro, in movimento sul foglio, descrive una ....

Se la biro mantiene sempre la stessa direzione, descrive una linea ...., che può essere:

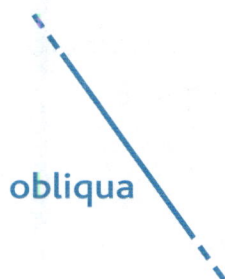

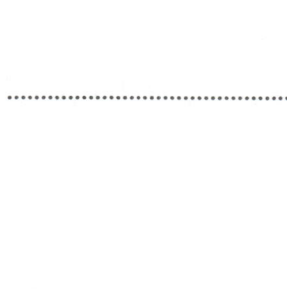

....

obliqua

....

- Se indico un punto sulla retta, questo punto (**origine**) crea due **semirette**.

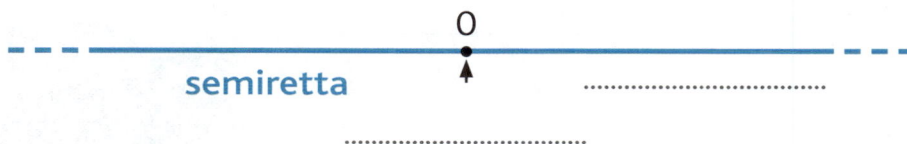

O

semiretta ....

....

- Se indico due punti su una retta, questi determinano un **segmento**.

A   B

....

- Due rette che mantengono sempre la stessa distanza e non si incontrano mai si dicono **parallele**.

rette ....

- Due rette che si incontrano si dicono **incidenti**.
  Sono **perpendicolari** se dividono il piano in quattro parti uguali.

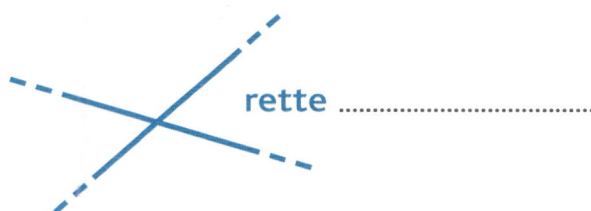

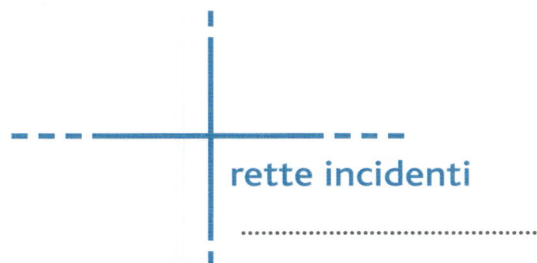

rette ....

rette incidenti
....

L'ADDIZIONE E LE SUE PROPRIETÀ

1 ▸ **Leggo il problema.**

Nel parcheggio A del supermercato ci sono 154 auto, nel parcheggio B ce ne sono 112 e nel parcheggio C ce ne sono 120.
Quante sono in tutto le auto parcheggiate?

2 ▸ **Completo il testo del ragionamento, poi risolvo.**

Per rispondere a questa domanda devo .... al numero delle auto del parcheggio A, il numero delle auto del parcheggio B e poi ....

Devo eseguire una ....

Con l'operazione

h	da	u	
1	5	4	+
1	1	2	+
1	2	0	=

Con il diagramma

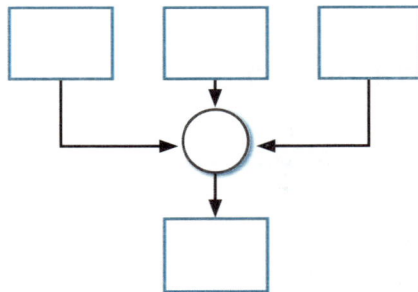

Rispondo.

Le auto ....
....
....

3 ▸ **Eseguo i calcoli e rifletto.**

20 + 16 + 8 = ...
20 + 8 + 16 = ...
16 + 20 + 8 = ...
16 + 8 + 20 = ...
8 + 16 + 20 = ...
8 + 20 + 16 = ...

In un'addizione, cambiando l'ordine degli addendi la somma non cambia.
È la **proprietà commutativa** dell'addizione (commutare = cambiare).
Questa proprietà viene usata per la **prova** dell'esattezza di un'addizione.

4 ▸ **Per ogni termine dell'addizione, scrivo il nome corrispondente. Poi faccio la prova.**

addendo
....
....
somma o ....

h	da	u	
1	4	4	+
1	3	1	+
1	1	3	=

h	da	u	
1	1	3	+
1	3	1	+
1	4	4	=

ADDIZIONI CON LA PROVA

1 Eseguo le addizioni senza cambio, con la prova, come nell'esempio.

addizione	prova	addizione	prova	addizione	prova
h da u	h da u	h da u	h da u	h da u	h da u
2 6 +	5 2 +	4 0 +	+	7 2 +	+
5 2 =	2 6 =	3 6 =	=	1 1 4 =	=
7 8	7 8				

addizione	prova	addizione	prova	addizione	prova
h da u	h da u	h da u	h da u	h da u	h da u
1 4 3 +	+	2 0 6 +	+	3 0 0 +	+
1 6 +	+	1 6 1 +	+	1 5 8 +	+
1 4 0 =	=	1 2 2 =	=	2 4 1 =	=

2 Eseguo le addizioni con il cambio, con la prova, come nell'esempio.

addizione	prova	addizione	prova	addizione	prova
h da u	h da u	h da u	h da u	h da u	h da u
5 5 +	7 8 +	7 4 +	+	9 7 +	+
7 8 =	5 5 =	4 8 =	=	3 6 =	=
1 1	1 1				
1 3 3	1 3 3				

addizione	prova	addizione	prova	addizione	prova
h da u	h da u	h da u	h da u	h da u	h da u
1 1 3 +	+	1 7 5 +	+	2 9 +	+
4 9 +	+	6 8 +	+	1 3 6 +	+
1 0 3 =	=	1 2 4 =	=	8 4 =	=

CLASSIFICARE IN BASE A UNA CARATTERISTICA

1 Circondo solo i frutti, poi completo.

- Ho costruito la classe (insieme) ....

2 Sottolineo solo i nomi comuni di persona, poi completo.

abito • abitudine • sarto • parrucchiere • acconciatura •
inferriata • fabbro • idraulico • Stefano • tubatura • Valerio •
tritacarne • macellaio • arrosto • Lucia

- Ho costruito la classe (insieme) ....

3 Scrivo nei cartellini il criterio di raggruppamento delle parole.

studiare	leggere
correre	giocare
arrampicarsi	uscire
ringraziare	volare
ascoltare	rotolare
salire	scendere

insieme ....

bello	alto
enorme	agile
antico	forte
stretto	moderno
giovane	largo
allegro	vecchio
grande	triste

insieme ....

Quando raggruppo degli elementi in base a una caratteristica comune (**criterio di raggruppamento**) formo un **insieme**.
La cornice che racchiude un insieme (solitamente di forma ovale) prende il nome di **diagramma di Eulero-Venn**.

CLASSIFICARE IN BASE A DUE CARATTERISTICHE

1 Leggo, osservo e poi completo i diagrammi.

In un insieme ho raggruppato tutti i multipli di 5.
In un altro insieme ho raggruppato tutti i multipli di 4.
I numeri 20 e 40 sono contemporaneamente multipli di 5 e multipli di 4.
L'insieme in cui si trovano prende il nome di intersezione.

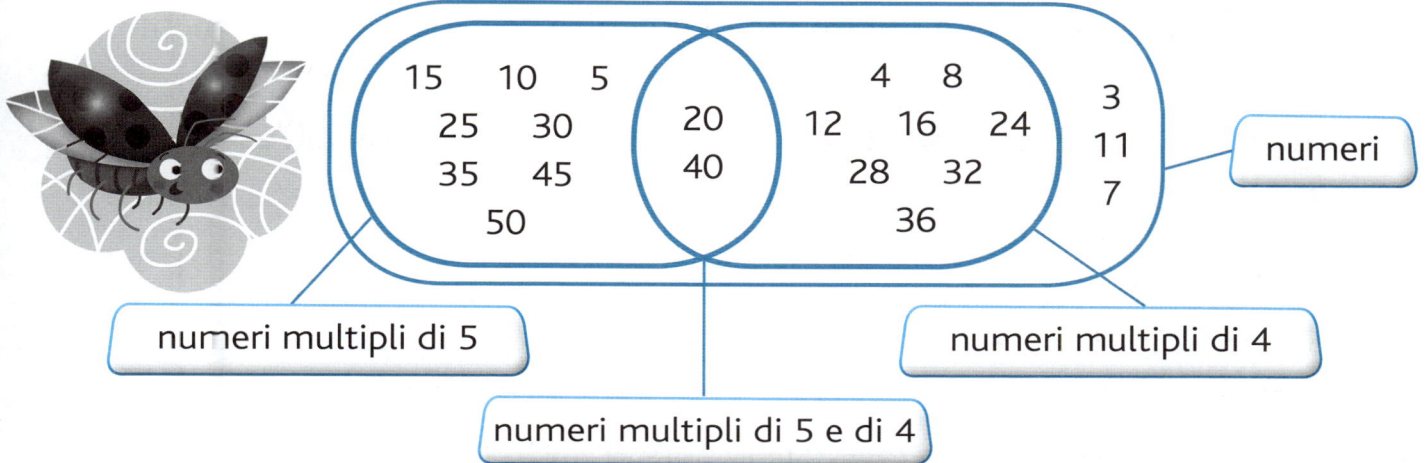

Diagramma di Venn:
- numeri multipli di 5: 15, 10, 5, 25, 30, 35, 45, 50
- intersezione: 20, 40
- numeri multipli di 4: 4, 8, 12, 16, 24, 28, 32, 36
- numeri: 3, 11, 7

numeri multipli di 5
numeri multipli di 5 e di 4
numeri multipli di 4

DIAGRAMMA DI CARROLL

	numeri multipli di 5	numeri NON ....
numeri multipli di 4	....	4, 8, 12, 16, 24, 28, 32, 36
numeri NON multipli di 4	5, 19, 15, 25, 30, 35, 45, 50	....

DIAGRAMMA AD ALBERO

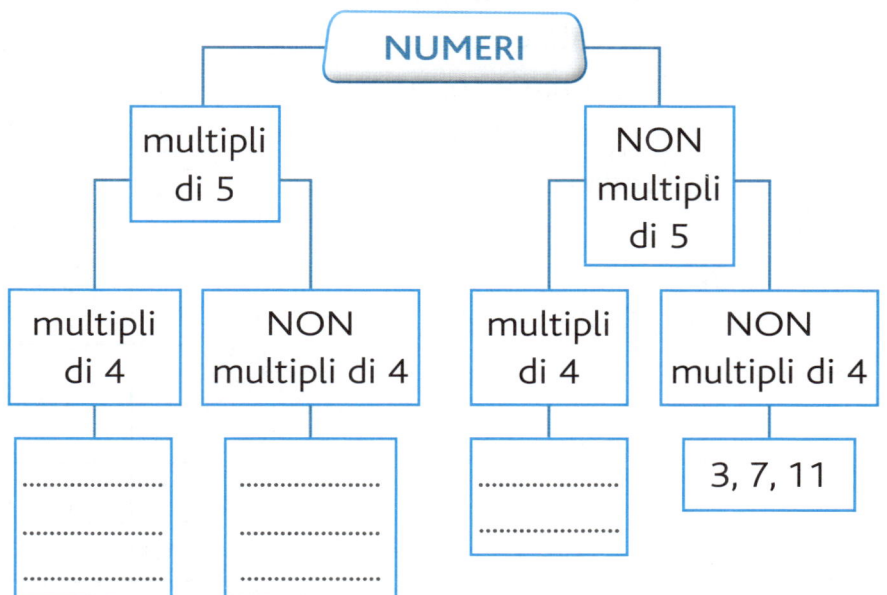

NUMERI
- multipli di 5
  - multipli di 4: ....
  - NON multipli di 4: ....
- NON multipli di 5
  - multipli di 4: ....
  - NON multipli di 4: 3, 7, 11

Se alcuni elementi di due insiemi diversi condividono contemporaneamente le **caratteristiche di due insiemi**, formano una **intersezione**.
Questa situazione si può rappresentare con i **diagrammi di Carroll** e **ad albero**.

L'ADDIZIONE E LE SUE PROPRIETÀ

1 Eseguo i calcoli e rifletto.

$$18 + 2 + 10 =$$ $$10 + 25 + 5 =$$

$$20 + 10 = ...$$ $$10 + 30 = ...$$

In una addizione a due o più addendi posso sostituire la loro somma.
È la **proprietà associativa** dell'addizione.
La proprietà associativa mi permette di eseguire i calcoli più velocemente.

2 Eseguo i calcoli applicando la **proprietà associativa**, come nell'esempio.

$$13 + 7 + 20 = 20 + 20 = 40$$
$$24 + 6 + 30 = ... + ... = ...$$
$$18 + 12 + 10 = ... + ... = ...$$
$$15 + 15 + 20 = ... + ... = ...$$
$$46 + 14 + 10 = ... + ... = ...$$

$$30 + 24 + 16 = ... + ... = ...$$
$$10 + 17 + 13 = ... + ... = ...$$
$$20 + 22 + 8 = ... + ... = ...$$
$$40 + 33 + 17 = ... + ... = ...$$
$$50 + 21 + 19 = ... + ... = ...$$

3 Completo la tabella e le frasi.

- In orizzontale la sequenza dei numeri è sempre ....
- In verticale è sempre ....
- In diagonale è sempre ....
- Aggiungendo 0 a un numero, il numero ....
- n. pari + n. pari = n. ....
- n. pari + n. dispari = n. ....
- n. dispari + n. dispari = n. ....

+	0	1	2	3	4	5	6	7	8	9	10
0	0	1	2	3							
1	1	2	3								
2	2	3	4								
3											
4											
5											
6											
7											
8											
9											
10											

Se **aggiungo 0** (zero) a un numero, il **numero non cambia**.
$$3 + 0 = 3 \qquad 7 + 0 = 7 \qquad 0 + 9 = 9$$
Se **aggiungo 1** (uno) a un numero, ottengo il **numero successivo**.
$$4 + 1 = 5 \qquad 6 + 1 = 7 \qquad 1 + 4 = 5 \qquad 1 + 8 = 9$$

ADDIZIONI

1 Eseguo le addizioni con il cambio, con la **prova**, come nell'esempio.

addizione				prova				addizione				prova				addizione				prova			
h	da	u		h	da	u		h	da	u		h	da	u		h	da	u		h	da	u	
2	4	5	+	1	0	8	+	1	6	4	+				+	1	2	7	+				+
1	0	8	=	2	4	6	=	1	2	7	=				=	2	3	9	=				=
3	5	4		3	5	4																	

h	da	u		h	da	u		h	da	u		h	da	u		h	da	u		h	da	u	
1	1	5	+				+		6	5	+				+	2	2	6	+				+
	3	5	+				+	2	3	7	+				+	1	9	3	+				+
1	1	8	=				=	2	4	8	=				=		7	5	=				=

2 Eseguo i calcoli applicando le strategie indicate, come negli esempi.

27 + 9 = 27 **+ 10 − 1 = 36**

35 + 9 = ... + ... − .... = ...

43 + 9 = ... + ... − .... = ...

74 + 9 = ... + ... − .... = ...

16 + 11 = 16 **+ 10 + 1 = 27**

33 + 11 = ... + ... + ... = ...

51 + 11 = ... + ... + ... = ...

69 + 11 = ... + ... + ... = ...

70 + 32 = 70 **+ 30 + 2** = ...

60 + 44 = ... = ...

50 + 58 = ... = ...

80 + 73 = ... = ...

16 + 99 = 16 **+ 100 − 1 = 115**

25 + 99 = ... + ... − .... = ...

67 + 99 = ... + ... − .... = ...

82 + 99 = ... + ... − .... = ...

18 + 101 = 18 **+ 100 + 1 = 119**

28 + 101 = ... + ... + ... = ...

51 + 101 = ... + ... + ... = ...

87 + 101 = ... + ... + ... = ...

120 + 135 = 120 **+ 100 + 30 + 5** = ...

150 + 164 = ... = ...

230 + 218 = ... = ...

420 + 352 = ... = ...

Nelle ultime quattro batterie di calcoli è stata applicata la **proprietà dissociativa del numero**: ogni numero può essere "dissociato" in due o più addendi.

MISURARE IL VALORE

1 Osservo. Poi, per ogni moneta o banconota, scrivo il valore corrispondente, come negli esempi.

1 centesimo   ....

....   1 euro   ....

5 euro   ....

2 Completo scrivendo al posto giusto le parole date.

multipli • Comunità • valore • sottomultipli • centesimi

- L'euro è l'unità di misura di ....
- 1 euro è formato da 100 ....
- I centesimi sono i .... dell'euro.
- La moneta da 2 euro e le banconote sono i .... dell'euro.
- L'euro è la moneta in uso nei paesi della .... Europea.

3 Cambio le banconote con altre banconote, utilizzando tutti i riquadri.

20 EURO = ... + ... + ... + ...

20 EURO = ... + ... + ...

50 EURO = ... + ... + ... + ... + ... + ...

50 EURO .... + ... + ... + ...

MISURARE IL VALORE

1 Scrivo con quali monete o banconote
posso pagare la merce indicata, come nell'esempio.

- 1 cellulare che costa 135 euro
  1 banconota da 100 euro, 1 banconota da 20 euro,
  una banconota da 10 euro, 1 banconota da 5 euro.

- 1 maglione che costa 79 euro

  ....

  ....

- 1 bicicletta che costa 328 euro

  ....

  ....

- 1 computer che costa 635 euro

  ....

  ....

2 Formo il valore di ogni moneta e di ogni banconota in due modi diversi,
come nell'esempio.

- 20 cent + 50 cent. + 10 cent + 10 cent. + 5 cent + 5 cent.
- ....

- ....
- ....

- ....
- ....

- ....
- ....

SCHIERAMENTI

1 Leggo, completo e rispondo alle domande.

Tommaso ha schierato così i suoi soldatini.

← 1ª riga

← ....

← ....

← ....

← ....

1ª fila ....
....

- Quante sono le righe? ....
- Quanti soldatini ci sono in ogni riga? ....

  $6 + 6 + 6 + 6 + 6 =$ ....

  Posso scrivere così:

  $6 \times 5 =$ ....

- Quante sono le file? ....
- Quanti soldatini ci sono in ogni fila? ....

  $5 + 5 + 5 + 5 + 5 + 5 =$ ....

  Posso scrivere così:

  $5 \times 6 =$ ....

2 Schiero 12 elementi in modi diversi e completo le frasi.

.... x .... = ...

.... x .... = ...

.... x .... = ...

.... x .... = ...

$1 \times 12 =$ ....

.... x .... = ...

- Tutte le moltiplicazioni danno lo stesso ....

- In uno schieramento posso individuare:
  - le .... (orizzontali) e le file (............................).

- I calcoli sono delle addizioni con gli .... tutti uguali e possono essere trasformate in una ....

LE COMBINAZIONI

1 **Leggo e completo.**

Luisella ha due paia di pantaloni, uno blu e uno rosso,
e tre maglioncini, uno bianco, uno verde e uno giallo.
Quante possibilità ha di vestirsi in modo diverso?
Per saperlo traccio tutte le frecce possibili e completo la tabella.

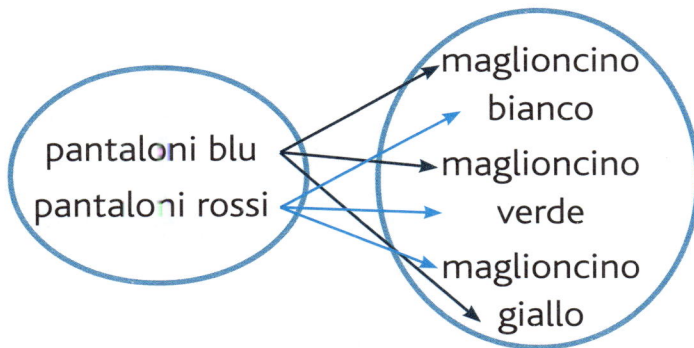

	MB maglioncino bianco	MV maglioncino verde	MG maglioncino giallo
PB pantaloni blu	PB MB	PB	PB ....
PR pantaloni rossi	PR	....	....

Conto le frecce:
ho ottenuto .... combinazioni.

Conto le coppie:
ho ottenuto .... combinazioni.

2 **Completo le tabelle con tutte le combinazioni possibili, come negli esempi, poi registro.**

↓→	A	B	C	D	E
1	1, A			1, D	
2					
3					
4					
5					
6					

Ho ottenuto .... combinazioni.
6 x 5 = ...   5 x 6 = ...

↓→	blu	giallo	verde	rosso

Ho ottenuto .... combinazioni.
6 x 4 = ...   4 x 6 = ...

Gli elementi di due gruppi diversi possono essere "**combinati**"
tra loro, dando origine a delle **coppie** (tabella a doppia entrata).
Si può ottenere il **numero delle combinazioni** possibili
moltiplicando il numero degli elementi del primo insieme
per il numero degli elementi del secondo insieme.

GLI ANGOLI

1 Leggo.

La biro in movimento sul foglio, ogni volta che cambia direzione, forma due angoli: uno più grande e uno più piccolo.

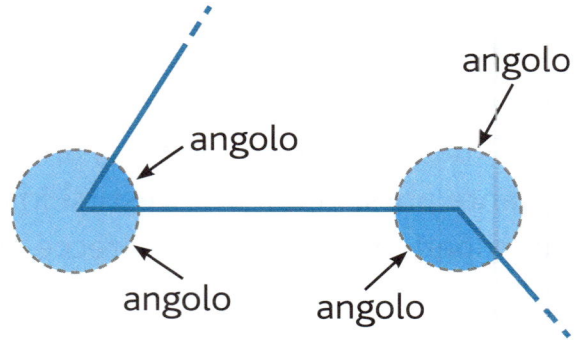

angolo

angolo

angolo

angolo

Un **angolo** è una **parte di piano compresa tra due semirette** che hanno in comune il **punto di origine**. Le due semirette sono i **lati** dell'angolo.
Il punto di origine si chiama **vertice**.
La misura dell'angolo si chiama **ampiezza**.

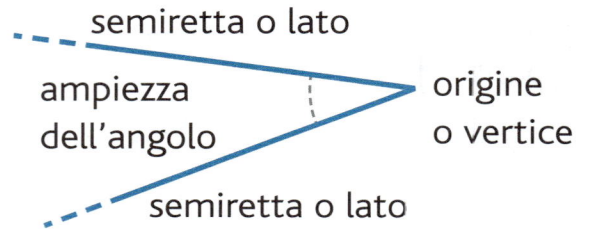

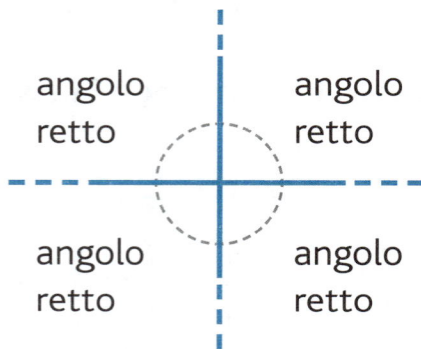

semiretta o lato

ampiezza dell'angolo

origine o vertice

semiretta o lato

angolo retto

angolo retto

angolo retto

angolo retto

Due rette perpendicolari dividono il piano in quattro parti uguali, ognuna delle quali prende il nome di **angolo retto**.

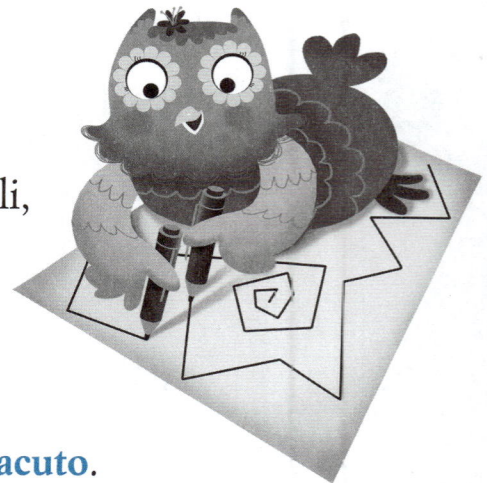

Un angolo minore dell'angolo retto si chiama **angolo acuto**.
Un angolo maggiore dell'angolo retto si chiama **angolo ottuso**.
Due angoli retti formano un **angolo piatto**.
Quattro angoli retti formano un **angolo giro**.

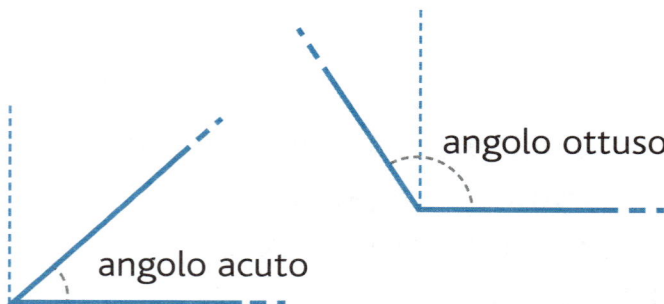

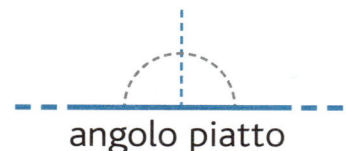

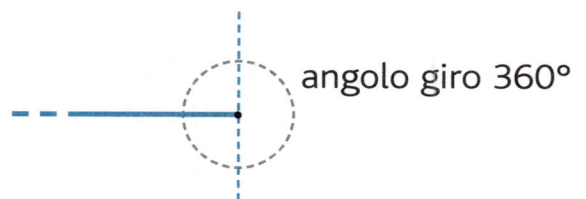

angolo piatto

angolo ottuso

angolo giro 360°

angolo acuto

GLI ANGOLI

1 Coloro in:
- GIALLO gli angoli retti;
- VERDE gli angoli acuti;
- BLU gli angoli ottusi;
- ROSA gli angoli piatti;
- VIOLA gli angoli giro.

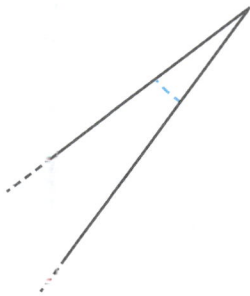

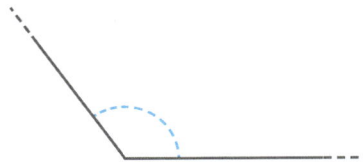

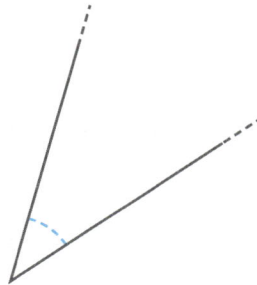

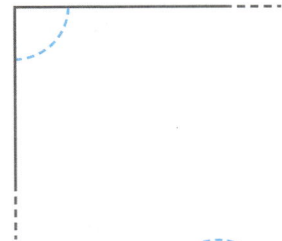

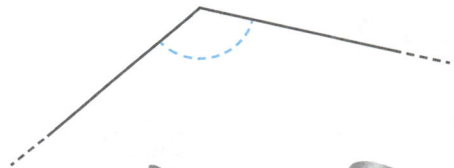

2 Per ogni affermazione, segno V (vero) o F (falso).

- Il vertice è il punto di origine dei lati di un angolo. V F
- Un angolo acuto è sempre minore di un angolo retto. V F
- L'angolo è una parte di piano compresa fra due semirette. V F
- In un angolo giro ci stanno quattro angoli retti. V F
- Due rette che si incontrano formano sempre quattro angoli retti. V F
- L'angolo ottuso è sempre minore di un angolo retto. V F
- In un angolo piatto ci stanno due angoli ottusi. V F
- Due rette incidenti che formano quattro angoli uguali si dicono perpendicolari. V F
- In un angolo piatto ci stanno due angoli retti. V F

LA MOLTIPLICAZIONE E LE SUE PROPRIETÀ

1 **Leggo il problema.**

Il droghiere ha ricevuto 7 scatoloni, ognuno dei quali contiene 36 confezioni di caffé. Quante confezioni di caffé ha ricevuto in tutto?

2 **Completo il testo del ragionamento e risolvo.**

Per rispondere a questa domanda devo .... il numero delle confezioni di caffé per il numero degli ....
Devo eseguire una ....

Operazione in riga	Operazione in colonna	Con il diagramma

Operazione in riga

... ... = ...

Operazione in colonna

h	da	u		
	3	6	...	
			=	

Rispondo. Il droghiere ha ricevuto ....

3 **Eseguo i calcoli e rifletto.**

10 x 2 x 3 = **60**
10 x 3 x 2 = ...
3 x 10 x 2 = ...
3 x 2 x 10 = ...
2 x 3 x 10 = ...
2 x 10 x 3 = ...

> In una moltiplicazione, cambiando l'ordine dei fattori il prodotto non cambia.
> È la **proprietà commutativa** della moltiplicazione (commutare = cambiare).

4 **Per ogni termine della moltiplicazione, scrivo il nome corrispondente.**

fattore

h	da	u	
1	1	2	x
		4	=
4	4	8	

h	da	u	
1	1	1	x
		7	=
7	7	7	

moltiplicatore

prodotto

MOLTIPLICAZIONI

1 Eseguo le moltiplicazioni senza cambio.

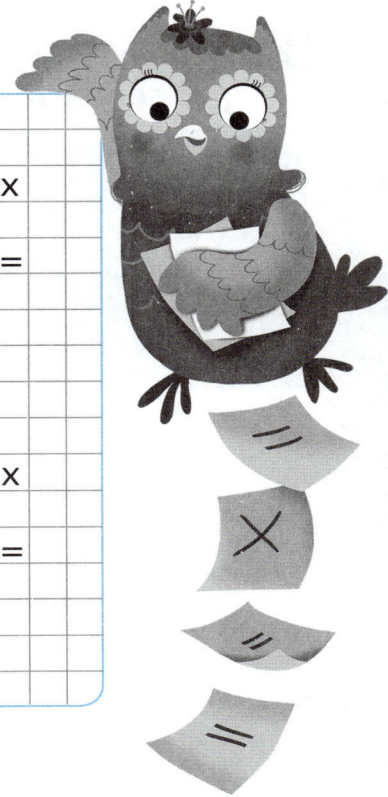

h	da	u			h	da	u			h	da	u			h	da	u	
	2	3	x			4	2	x			3	3	x			2	2	x
		3	=				2	=				3	=				4	=

h	da	u			h	da	u			h	da	u			h	da	u	
1	1	0	x		1	2	3	x		1	4	3	x		2	0	3	x
		8	=				3	=				2	=				3	=

2 Eseguo le moltiplicazioni con il cambio.

h	da	u			h	da	u			h	da	u			h	da	u			h	da	u	
	2	5	x			3	4	x			4	3	x			1	7	x			4	8	x
		3	=				3	=				4	=				5	=				6	=

h	da	u			h	da	u			h	da	u			h	da	u			h	da	u	
	5	2	x			7	6	x			8	9	x		1	1	5	x		2	0	8	x
		8	=				9	=				4	=				3	=				4	=

h	da	u			h	da	u	
1	3	7	x		3	2	4	x
		5	=				3	=

CHI È?

1 Segno con una ✗ ogni caratteristica posseduta dalle varie biciclette, poi coloro la bicicletta di Stefania.

La bicicletta di Stefania:

- ha le ruote piccole;
- ha il campanello;
- ha il cestino;
- ha la pompa.

2 Osservo le figure. Poi, per ogni affermazione, segno V (vero) o F (falso).

- Nessuna figura è un pentagono.　　V F
- Solo un cerchio è blu.　　V F
- Alcune figure sono dei quadrati.　　V F
- Tutte le figure sono dei triangoli.　　V F
- Ogni quadrato è blu.　　V F
- Almeno un triangolo è grigio.　　V F
- Non tutti i rettangoli sono grigi.　　V F
- Non tutti i quadrati sono blu.　　V F
- Non tutte le figure sono poligoni.　　V F
- Alcune figure hanno quattro lati.　　V F
- Poche figure sono triangoli.　　V F
- Solo un rettangolo è bianco.　　V F

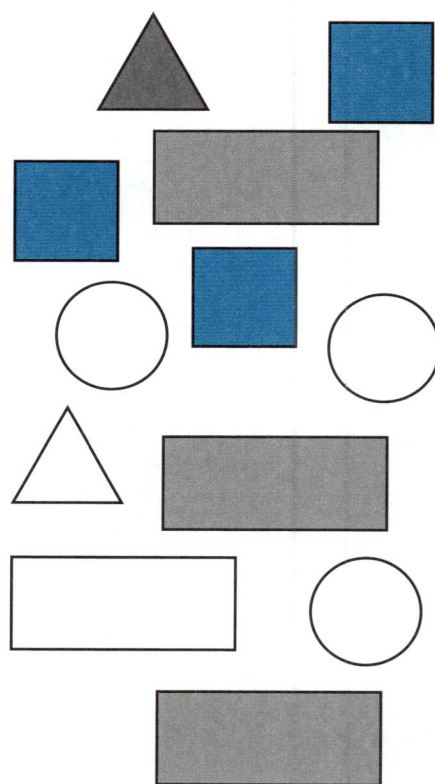

Gli elementi possono essere definiti in base alle loro caratteristiche.
Tutte le **affermazioni** possono essere **vere** o **false**.
Il "**non**" trasforma una affermazione vera in una falsa
e una affermazione falsa in una vera.

CERTO, POSSIBILE, IMPOSSIBILE

1 Leggo il testo, poi rispondo.

Piero e sua sorella Giulia giocano a lanciare il dado.
Piero scommette sull'uscita del 5.
Giulia scommette sull'uscita di un numero pari.
Chi ha più possibilità di vincere?

- Quale numero deve uscire perché possa vincere Piero? ....
- Quante possibilità ha Piero che esca il numero 5? ....
- Quali numeri devono uscire perché possa vincere Giulia? ....
- Quante possibilità ha Giulia che esca un numero pari? ....
- Chi ha più possibilità di vincere? ....

2 Completo segnando con una **✗**.

Oggi è

DICEMBRE
23
mercoledì

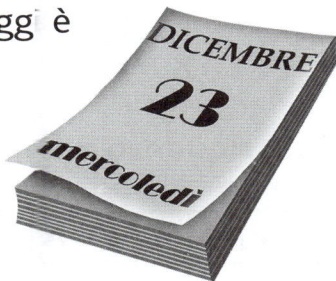

- ⬜ È certo che dopodomani sia Natale.
- ⬜ È possibile che dopodomani sia Natale.
- ⬜ È impossibile che dopodomani sia Natale.

Oggi

- ⬜ È certo che anche domani piova.
- ⬜ È possibile che anche domani piova.
- ⬜ È impossibile che anche domani piova.

Lancio due dadi.

- ⬜ È certo che esca un numero maggiore di 6.
- ⬜ È possibile che esca un numero maggiore di 6.
- ⬜ È impossibile che esca un numero maggiore di 12.

- Se l'evento si verifica sicuramente, allora è un **evento certo**.
- Se l'evento può verificarsi, ma anche non verificarsi, allora è un **evento possibile**.
- Se l'evento non potrà mai verificarsi, allora è un **evento impossibile**.

LA MOLTIPLICAZIONE E LE SUE PROPRIETÀ

1 Eseguo i calcoli e rifletto.

6 x 5 x 4 =   10 x 2 x 5 =

30 x 4 = ... 10 x 10 = ...

> In una moltiplicazione a due o più fattori si può sostituire il loro prodotto: è la **proprietà associativa** della moltiplicazione. La proprietà associativa permette di eseguire i calcoli orali più velocemente.

2 Eseguo i calcoli applicando la **proprietà associativa**, come negli esempi.

12 x 2 x 5 = **12** x **10** = **120**   11 x 3 x 10 = **33** x **10** = **330**

15 x 3 x 2 = ... x .... = ... 15 x 5 x 4 = ... x .... = ...

16 x 5 x 3 = ... x .... = ... 20 x 3 x 2 = ... x .... = ...

25 x 2 x 7 = ... x .... = ... 50 x 5 x 2 = ... x .... = ...

3 Compilo la tabella, poi completo le frasi colorando il riquadro adatto con una **X**.

- I prodotti nella prima riga e nella prima fila sono tutti ⬭0⬭ ⬭1⬭ .
- Sulla diagonale ci sono i prodotti di ogni numero moltiplicato ⬭ per se stesso ⬭ ⬭ per il precedente ⬭ .
- I prodotti a sinistra della diagonale ⬭ non sono ⬭ ⬭ sono ⬭ simmetrici ai prodotti a destra.
- n. pari x n. pari = n. ....
- n. pari x n. dispari = n. ....
- n. dispari x n. dispari = n. ....

X	0	1	2	3	4	5	6	7	8	9	10
0	0	0	0	0							
1	0	1	2								
2	0	2	4								
3											
4											
5											
6											
7											
8											
9											
10											

> - Se **moltiplico** un numero **per 0** (zero) il **prodotto è sempre zero** (0). Lo zero è **elemento assorbente**: 3 x 0 = 0   7 x 0 = 0
> - Se **moltiplico** un numero **per 1** (uno) il **numero rimane invariato**. L'uno è **elemento neutro**: 4 x 1 = 4   6 x 1 = 6

MOLTIPLICAZIONI

1 Eseguo le moltiplicazioni con il cambio, come nell'esempio.

h	da	u			h	da	u			h	da	u			h	da	u	
	3	6	x			8	4	x			9	2	x			7	6	x
	1	3	=				4	=				8	=				3	=
1	0	8																

h	da	u			h	da	u			h	da	u			h	da	u	
2	0	5	x		1	3	8	x		3	1	9	x		1	7	9	x
		4	=				5	=				3	=				4	=

2 Eseguo i calcoli e rifletto.

(10 + 4) x 2 = 14 x 2 = 28

(10 x 2) + (4 x 2) =

    20   +   8   = 28

(12 + 3) x 3 = ... x .... = ...

(....... x ....) + (....... x ....) =

.... + ... = ...

> Se devo moltiplicare una somma per un numero posso moltiplicare ciascun addendo per il numero e sommare i prodotti ottenuti. È la **proprietà distributiva della moltiplicazione rispetto alla somma**. La proprietà distributiva permette di semplificare i calcoli.

3 Eseguo i calcoli applicando la **proprietà distributiva**, come nell'esempio.

- 125 x 6 =
  (100 + 20 + 5) x 6 = (100 x 6) + (20 x 6) + (5 x 6) = 600 + 120 + 30 = 750
- 212 x 4 =
  (...... + ... + ...) x ...... = (...... x ......) + (...... x ......) + (...... x ......) = ... + ... + ... = ...
- 143 x 3=
  (...... + ... + ...) x ...... = (...... x ......) + (...... x ......) + (...... x ......) = ... + ... + ... = ...

POLIGONI E NON POLIGONI

1 Completo.

- Una linea che ritorna al punto di partenza è una linea ....

- Una linea chiusa racchiude una parte di .... in cui distinguo:
una regione ....,
una regione ....
e un ....

- Una linea .... chiusa dà origine a una regione interna, che prende il nome di **poligono** (la parola significa "con tanti angoli").

- In un **poligono** posso distinguere:
  - .... ⟶ ciascuno dei segmenti del poligono;
  - .... ⟶ il punto di incontro di due lati consecutivi;
  - .... ⟶ la parte di piano compresa fra due lati;
  - .... ⟶ la parte di piano racchiusa dal confine;
  - .... ⟶ il confine del poligono;
  - .... ⟶ i segmenti che uniscono due vertici non consecutivi.

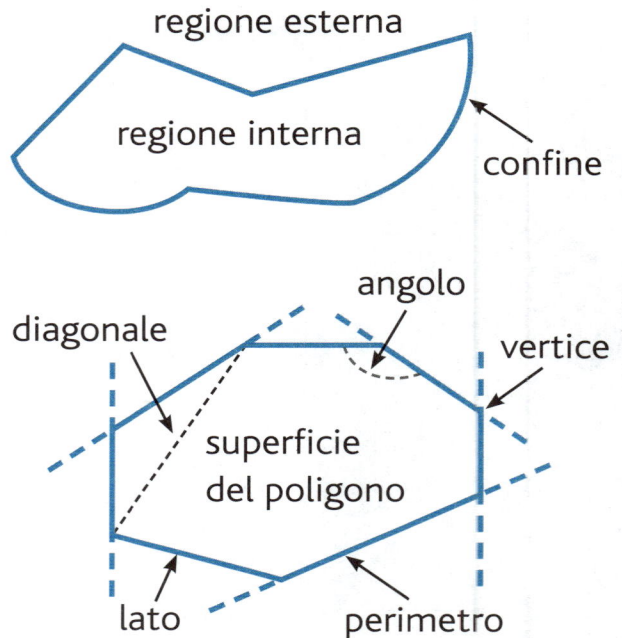

regione esterna · regione interna · confine · diagonale · angolo · vertice · superficie del poligono · lato · perimetro

Solo una **linea spezzata chiusa** e **non intrecciata** dà origine a un **poligono**.
Una **linea curva chiusa** o **mista chiusa** dà origine a un **non poligono**.

2 Completo la tabella distinguendo i poligoni e i non poligoni.

A H B L I C F D M G E

Poligoni	....
Non poligoni	....

POLIGONI

1 Osservo e completo le frasi.

Una linea spezzata chiusa di tre segmenti forma un ....

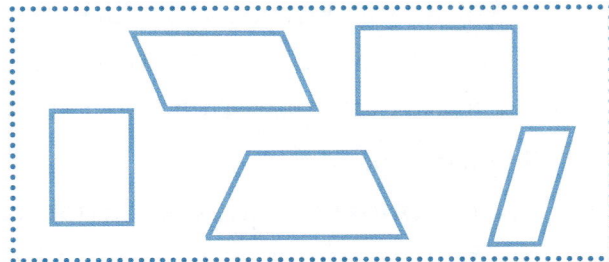

Una linea spezzata chiusa di quattro segmenti forma un ....

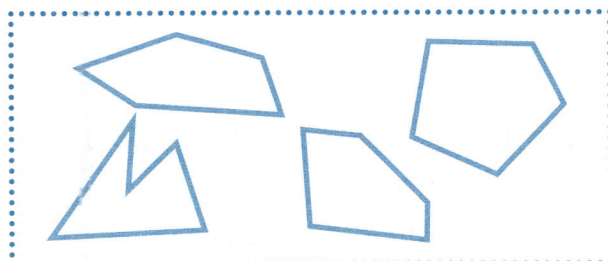

Una linea spezzata chiusa di cinque segmenti forma un ....

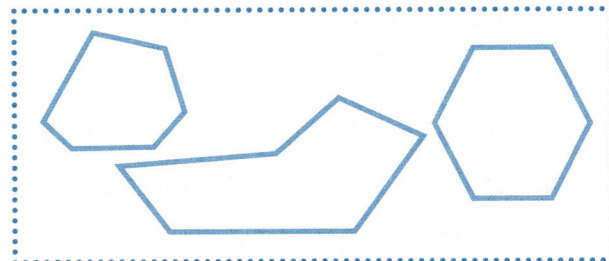

Una linea spezzata chiusa di sei segmenti forma un ....

2 Traccio in ogni figura tutte le diagonali possibili e registro.

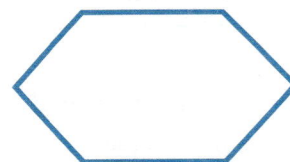

nome ....
n. lati ....
n. diagonali ....

nome ....
n. lati ....
n. diagonali ....

nome ....
n. lati ....
n. diagonali ....

3 Scrivo V (vero) o F (falso).

☐ Il quadrato è un quadrilatero.
☐ Il triangolo ha 4 vertici.
☐ Il pentagono ha 3 diagonali.
☐ Il triangolo ha 2 diagonali.
☐ L'esagono ha 5 angoli.

☐ Poligono significa più angoli.
☐ Il numero dei vertici è sempre uguale al numero dei lati.
☐ Il numero delle diagonali è sempre uguale al numero dei lati.

LA SOTTRAZIONE

1 Leggo il problema e poi completo i ragionamenti scrivendo e colorando.

a. Per il volo Roma-New York ci sono 228 prenotazioni.
Al momento della partenza 39 viaggiatori non si presentano.
Quanti viaggiatori ci sono su questo volo?

Ragionamento

Per rispondere a questa domanda, devo ....
dal numero delle prenotazioni il numero dei ....
che non si sono presentati.
Devo eseguire una ...., per calcolare

| quanto resta | quanto manca | la differenza |

b. In una sala cinematografica al primo spettacolo sono presenti 356 spettatori, mentre al secondo spettacolo gli spettatori sono 478.
Quanti spettatori in più sono presenti al secondo spettacolo?

Ragionamento

Per rispondere a questa domanda, devo .... dal numero
degli spettatori il numero degli spettatori del primo spettacolo.
Devo eseguire una ...., per calcolare

| quanto resta | quanto manca | la differenza |

c. Susanna vuole regalare alla mamma per il suo compleanno una borsetta che costa 125 euro. Ma Susanna ha solo 105 euro.
Quanti euro le mancano per poter acquistare la borsetta?

Ragionamento

Per rispondere a questa domanda, devo .... dal costo in euro
della borsetta gli euro che ha risparmiato.
Devo eseguire una ...., per calcolare

| quanto resta | quanto manca | la differenza |

La sottrazione è l'operazione che mi permette di rispondere alle domande:
Quanto **rimane**? Quanto **manca**? Qual è la **differenza**?
I termini della sottrazione sono il **minuendo** (numero da diminuire),
il **sottraendo** (numero da togliere), il **resto** o **differenza** (il risultato).

LA SOTTRAZIONE E LE SUE PROPRIETÀ

1 Per ogni termine della sottrazione, scrivo il nome corrispondente e faccio la prova.

....

....

resto o ....

h	da	u	
3	7	4	−
1	2	3	=
2	5	1	

h	da	u	
			+
			=

2 Eseguo le sottrazioni con la prova, come nell'esempio (attenzione al cambio o prestito!).

sottrazione			prova			sottrazione			prova			sottrazione			prova		
h	da	u	h	da	u	h	da	u	h	da	u	h	da	u	h	da	u
1	2	3 −		4	8 +		2	3 6 −			+		3	0 0 −			+
	7	5 =		7	5 =		1	6 8 =			=		1	9 3 =			=
				1													
	4	8		1	2 3												

3 Eseguo i calcoli, come nell'esempio, e rifletto.

- 18 − 8 = 10
  (18 + 2) − (8 + 2) = 20 − 10 = 10
- 23 − 13 = ...
  (23 + ...) − (13 + ...) = ... − ..... = ...
- 45 − 15 = ...
  (45 + ...) − (15 + ...) = ... − ..... = ...
- 125 − 75 = ...
  (125 − .....) − (75 − .....) = ... − ..... = ...

- 172 − 62 = ...
  (172 + ...) − (62 + ...) = ... − ..... = ...
- 234 − 94 = ...
  (234 + ...) − (94 + ...) = ... − ..... = ...
- 108 − 18 = ...
  (108 − .....) − (18 − .....) = ... − ..... = ...
- 295 − 35 = ...
  (295 + ...) − (35 + ...) = ... − ..... = ...

In una sottrazione, **aggiungendo o togliendo da entrambe i termini lo stesso numero, il resto non cambia**.
È la **proprietà invariantiva** della sottrazione.
Questa proprietà facilita il calcolo orale.

Numeri

PROBLEMI CON DATI SUPERFLUI

1 Leggo il problema, sottolineo il **dato superfluo**, cioé inutile, poi risolvo.

a. Nel serbatoio di un pullman, che trasporta 48 gitanti, ci sono 165 litri di gasolio. Per raggiungere la meta della gita si consumano 76 litri di gasolio.
Quanti litri di gasolio rimangono nel serbatoio?

Operazione in riga

... ... = ...

Operazione in colonna

h da u

=

Con il diagramma

Rispondo. Nel serbatoio ....

b. Alla Maratona di primavera partecipano 284 maschi e 175 femmine.
Al servizio d'ordine ci sono 18 vigili urbani e 8 giudici di gara.
Quanti sono gli atleti che partecipano alla Maratona?

Operazione in riga

... ... = ...

Operazione in colonna

h da u

=

Con il diagramma

Rispondo. Il museo ....

PROBLEMI CON DATI MANCANTI

1 Leggo il problema e scrivo qual è il dato mancante, come nell'esempio.

a. Marco vuole comperare una bicicletta che costa 245 euro.
Quanti soldi gli mancano per poterla comperare?
 • Il dato mancante è: **la somma di cui dispone già Marco.**

b. A un gregge di 362 pecore si sono aggiunte altre nuove pecore.
Da quante pecore è composto ora il gregge?
 • Il dato mancante è: ....

c. Un autocarro trasporta in ogni viaggio 154 mattoni.
Quanti mattoni trasporta in tutto?
 • Il dato mancante è: ....

d. Nel magazzino del supermercato ci sono 9 scatoloni di barattoli di caffè.
Quanti sono in tutto i barattoli di caffè?
 • Il dato mancante è: ....

e. Un ciclista per allenarsi percorre 76 chilometri da casa sua al paese vicino.
Quanti chilometri gli mancano per raggiungere il paese vicino?
 • Il dato mancante è: ....

2 Leggo il problema, invento io il dato mancante e risolvo.

 • L'edicolante ha ricevuto 275 giornali quotidiani.

....

Quanti quotidiani rimangono invenduti?

Operazione in riga   **Operazione in colonna**   **Con il diagramma**

h	da	u
		=

Rispondo. ....
....

LA DIVISIONE

1 **Leggo il problema.**

Il papà pianta 48 bulbi di tulipano in 6 aiuole.
Quanti bulbi di tulipano potrà mettere in ogni aiuola?

Operazione in riga

4	8	…	…	=	…	

2 **Completo il testo del ragionamento e risolvo.**

Per rispondere a questa domanda,
cioè per ripartire i bulbi di tulipano
in modo uguale tra le 6 aiuole,
devo .... il numero
dei bulbi per il numero
delle ....
Devo eseguire una .... di **ripartizione**.

Rispondo. In ogni aiuola ....
....

Con l'operazione

48 … …… = ……

Con il diagramma

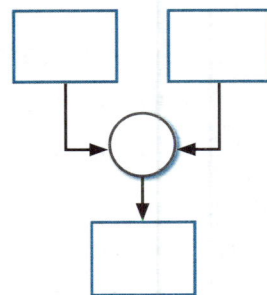

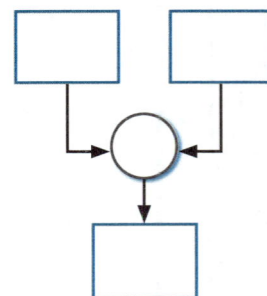

3 **Ora leggo questo problema.**

Una profumiera vuole effettuare una vendita
promozionale di 72 saponette. Confeziona dei cestini,
in ognuno dei quali dispone 8 saponette.
Quanti cestini realizzerà per la vendita promozionale?

Operazione in riga

7	2	…	…	=	…	

4 **Completo il testo del ragionamento e risolvo.**

Per calcolare quanti .... da 8 saponette
si potranno realizzare, devo ....
il numero totale delle saponette per il numero
delle saponette che compongono un cestino.
Devo eseguire una .... di **contenenza**.

Rispondo. Potranno ....
....

Con l'operazione

72 … …… = ……

Con il diagramma

Il numero che viene diviso prende il nome di **dividendo**.
Il numero che divide il dividendo prende il nome di **divisore**.
Il risultato prende il nome di **quoziente**.

LA DIVISIONE E LA SUA PROPRIETÀ

1 Osservo, poi completo.

45 : 5 = 9
9 x 5 = 45

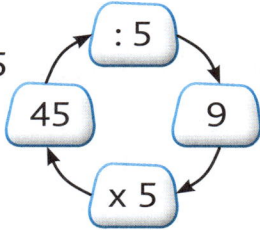

: 5
45   9
x 5

42 : 7 = 6
6 x 7 = 42

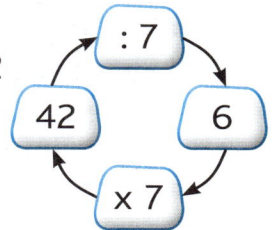

: 7
42   6
x 7

- La divisione è l'operazione inversa della ....
- Per fare la prova, cioè per verificare l'esattezza della divisione,
  si moltiplica il .... (risultato) per il divisore.
  Se la divisione è ...., si ottiene come risultato il dividendo.

2 Completo gli schemi.

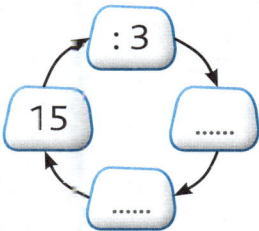

: 3
15   ......
......

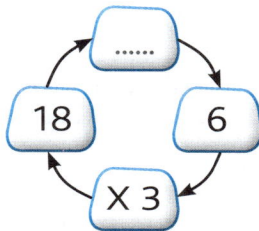

......
18   6
X 3

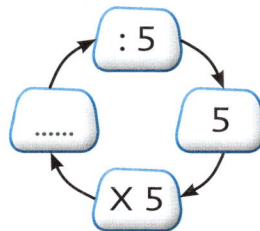

: 5
......   5
X 5

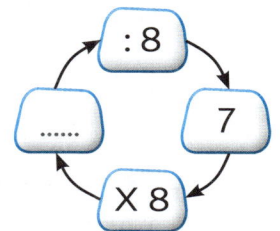

: 8
......   7
X 8

3 Scrivo il nome di ogni termine della divisione, poi faccio la prova.

....

....

....

5 6 : 8 = 7 x

0   8 =

4 Eseguo i calcoli, come nell'esempio, e rifletto.

- 20 : 4 = **5**
  (20 x 2) : (4 x 2) = 40 : 8 = 5
- 12 : 6 = ...
  (12 x 2) : (6 x .....) = ... : ..... = ...
- 50 : 10 = ...
  (50 x 2) : (10 x .....) = ... : ..... = ...
- 20 : 4 = ...
  (20 : 2) : (4 : 2) = ... : ..... = ...
- 50 : 10 = ...
  (50 : 5) : (10 : .....) = ... : ..... = ...

In una divisione, **moltiplicando o dividendo entrambe i termini per uno stesso numero** (diverso da 0), **il quoziente** (risultato) **non cambia**: è la **proprietà invariantiva** della sottrazione. Questa proprietà facilita il calcolo orale.

RIPARTIZIONE O CONTENENZA?

1 Leggo il problema, poi coloro il **tipo di divisione** necessario.

a. La mamma ha preparato 90 ravioli.
Se a tavola saremo in 6, quanti ravioli toccheranno a ognuno?

| divisione di ripartizione | divisione di contenenza |

b. 120 barattoli di piselli vengono distribuiti in 6 scatoloni.
Quanti barattoli ci saranno in ogni scatolone?

| divisione di ripartizione | divisione di contenenza |

c. 120 barattoli di piselli vengono sistemati in scatoloni,
ognuno dei quali ne contiene 20.
Quanti scatoloni si riusciranno a riempire?

| divisione di ripartizione | divisione di contenenza |

d. Per la gita della scuola, gli addetti alla mensa
hanno imbottito 240 panini. Se ogni partecipante
riceverà 3 panini, quanti sono i partecipanti?

| divisione di ripartizione | divisione di contenenza |

e. Il pastore ricovera le sue 90 pecore in 3 recinti.
Quante pecore ci saranno in ogni recinto?

| divisione di ripartizione | divisione di contenenza |

f. 60 bottiglie di acqua minerale vengono sistemate in 10 cassette.
Quante bottiglie conterrà ogni cassetta?

| divisione di ripartizione | divisione di contenenza |

g. 60 bottiglie di acqua minerale vengono sistemate in cassette,
ognuna delle quali contiene 6 bottiglie.
Quante cassette saranno necessarie?

| divisione di ripartizione | divisione di contenenza |

IL PERIMETRO DEI POLIGONI

1 Osservo, poi completo, come nell'esempio.

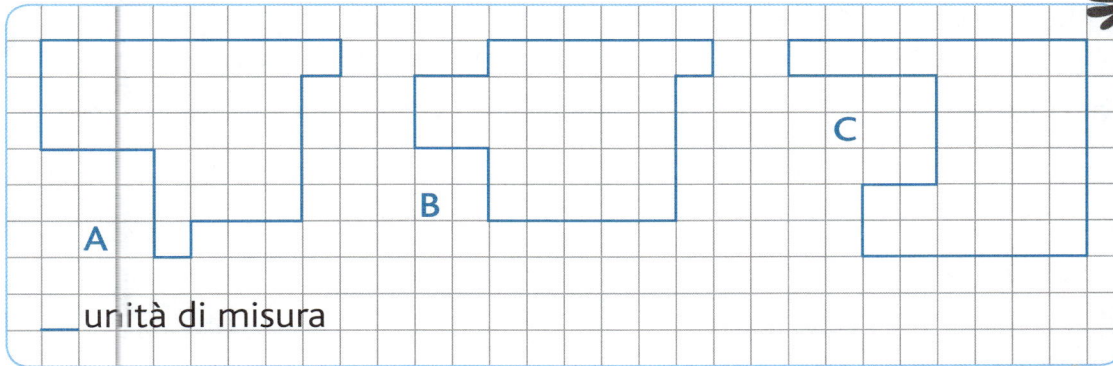

A   B   C

___ unità di misura

- La misura del contorno della figura A è di **28** quadretti.
- La misura del contorno della figura B è di .... quadretti.
- La misura del contorno della figura C è di .... quadretti.

La misura del contorno di un poligono prende il nome di **perimetro**.

2 Conto e registro di quanti quadretti è il perimetro (contorno) delle figure.

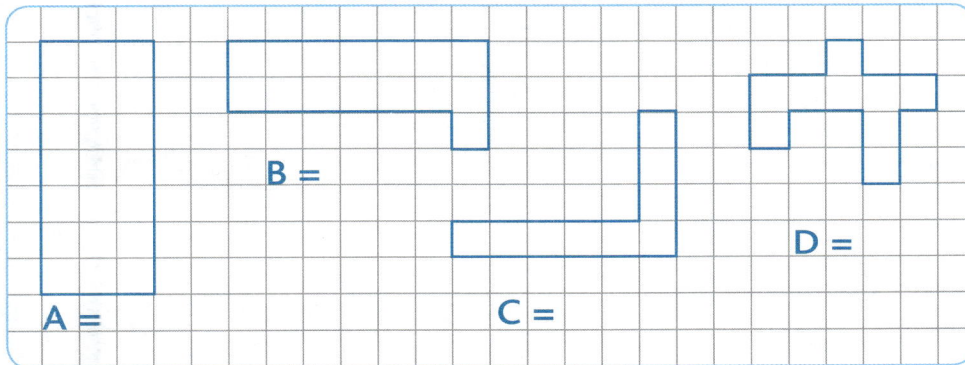

A =   B =   C =   D =

I poligoni che, diversi nella forma, hanno **perimetro uguale** prendono il nome di **isoperimetrici**.

3 Osservo, poi completo.

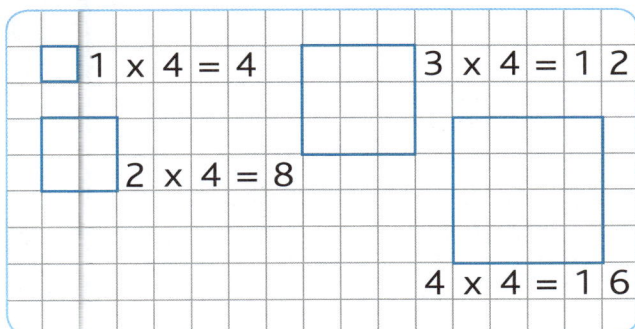

$1 \times 4 = 4$

$2 \times 4 = 8$

$3 \times 4 = 12$

$4 \times 4 = 16$

Il .... del quadrato si può trovare con la formula **lato x 4**.

LA DIVISIONE IN COLONNA

1 **Leggo e osservo con attenzione.**

Considero le **8** decine e le divido per **2**.
Il **2** nell'**8** ci sta **4** volte.
Scrivo **4** al quoziente.

$$84 : 2 = 4$$

$4 \times 2 = 8$
Scrivo l'**8** sotto l'**8**.
$8 - 8 = 0$
Scrivo **0** oppure **//** sotto l'8.

$$84 : 2 = 4$$
$$8$$
$$//$$

Segno e trascrivo la cifra delle unità.
Divido le **4** unità, **4 : 2**
Il **2** nel **4** ci sta **2** volte.
Scrivo **2** al quoziente.

$$84 : 2 = 42$$
$$8$$
$$// 4$$

$2 \times 2 = 4$
Scrivo il **4** sotto il **4**.
$4 - 4 = 0$
Scrivo **0** oppure **//** sotto il 4.

84 : 2 = 42 con resto 0

$$84 : 2 = 42$$
$$8$$
$$// 4$$
$$\quad 4$$
$$\quad //$$

Se la **prima cifra** del dividendo
è **minore del divisore**, considero
le prime 2 cifre, come nell'esempio,
poi continuo come prima.

$$248 : 8 = 31$$
$$24$$
$$// // 8$$
$$\quad\quad 8$$
$$\quad\quad //$$

Ora faccio la **prova**, moltiplicando
il quoziente per il divisore.
La divisione è esatta se ottengo
come risultato il dividendo.

$$248 : 8 = 31 \times$$
$$24 \qquad\qquad 8 =$$
$$// // 8 \qquad 248$$
$$\quad\quad 8$$
$$\quad\quad //$$

LA DIVISIONE IN COLONNA

1 Eseguo le divisioni con la prova, come nell'esempio.

69 : 3 = 23 x 3 = 69   68 : 2 = x =   93 : 3 = x =

244 : 4 = x =   300 : 6 = x =   488 : 8 = x =

Quando c'è un resto, per fare la prova, si moltiplica il quoziente per il divisore, poi si aggiunge il resto al risultato per ottenere il dividendo.

2 Eseguo le divisioni con la prova, come nell'esempio.

257 : 5 = 51 x 5 = 255 + 2 = 257   569 : 8 = x =   548 : 6 = x =

Numeri

LE TABELLE DELLA SOTTRAZIONE E DELLA DIVISIONE

1 Compilo le tabelle mettendo la **X** se l'operazione non si può fare. Poi completo i testi.

- La tabella può essere compilata [totalmente] [solo in parte].
- Sulla diagonale come risultato della sottrazione c'è sempre [0] [1].
- Nella sottrazione il minuendo non può essere [maggiore] [minore] del sottraendo.
- n. pari − n. dispari = n. ....
- n. dispari − n. pari = n. ....
- n. pari − n. pari = n. ....
- n. dispari − n. dispari = n. ....

−	0	1	2	3	4	5	6	7	8	9	10
0	0	X	X	X	X	X	X	X	X	X	X
1	1	0	X	X							
2	2	1	0	X							
3											
4											
5											
6											
7											
8											
9											
10											

Se da un numero **sottraggo 0** (zero) il numero **resta invariato**.
Lo zero è **elemento neutro**: $3 - 0 = 3$
Se da un numero **sottraggo 1** (uno) ottengo il **numero precedente**: $9 - 1 = 8$

- La divisione senza resto [non è] [è] sempre possibile.
- Nella riga dello 0 il risultato è sempre [0] [1].
- La colonna dello 0, tranne per il primo risultato, [non è] [è] vuota.
- Sulla diagonale, tranne per il primo numero, il risultato è sempre [0] [1].
- Alcuni numeri [hanno] [non hanno] più divisori.

:	0	1	2	3	4	5	6	7	8	9	10
0	0	0	0	0	0	0	0	0	0	0	0
1	X	1	X	X	X						
2	X	2	1	X							
3	X	3	X	1							
4	X	4	2	X	1	X	X	X	X	X	X
5	X	5	X	X	X						
6	X	6			X	X					
7	X	7	X	X	X	X	X				
8	X	8		X		X	X	X			
9	X	9	X		X	X	X	X	X		
10	X	10		X	X		X	X	X	X	

Lo **0** diviso per qualsiasi numero dà sempre **0**.
Lo **0** è **elemento assorbente**.
Un numero diviso per **1** resta se stesso. L'**1** è **elemento neutro**.

LA SIMMETRIA

1 Traccio gli **assi di simmetria interni** delle figure date.

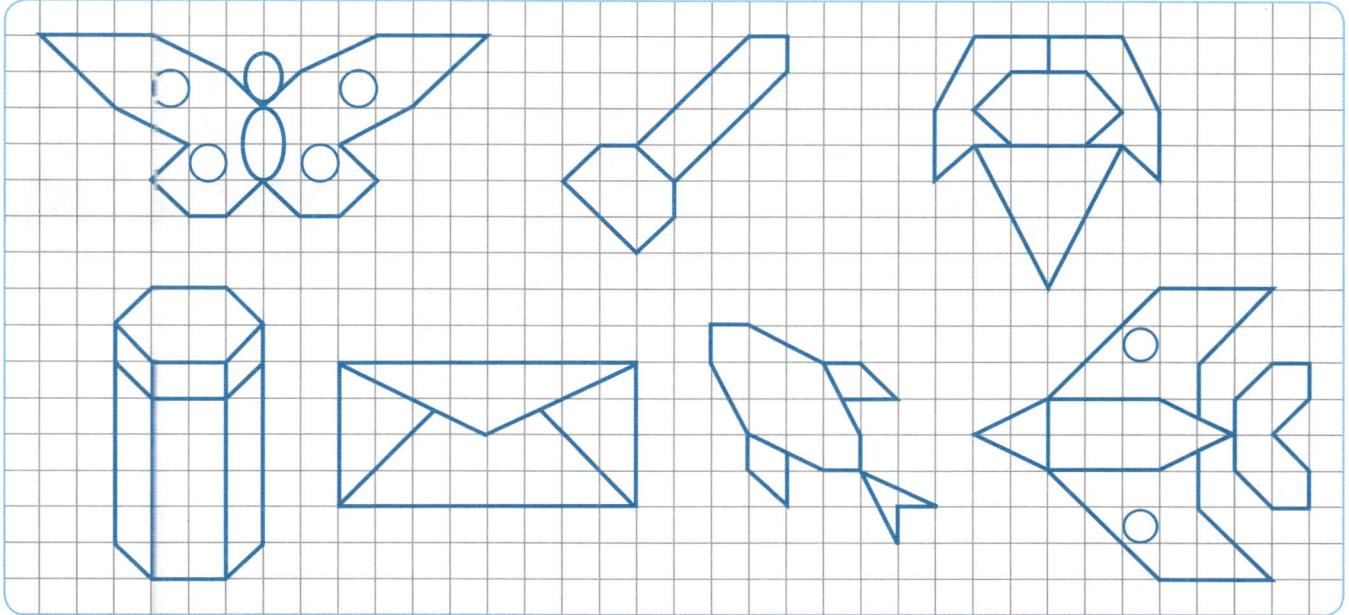

2 Disegno le **figure simmetriche** rispetto agli assi indicati.

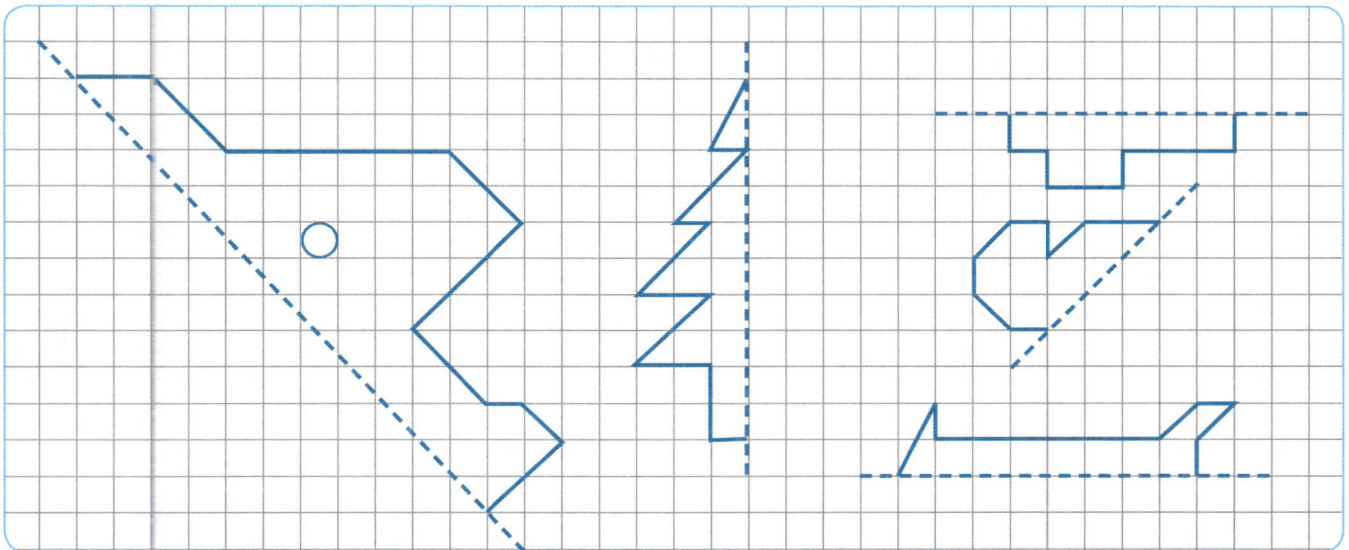

3 Ora completo.

- Un **asse di** ...., quando è **interno**, divide una figura in due parti perfettamente ...., ma "ribaltate", come lo sono le immagini che ci rimanda uno specchio.
- Un **asse di simmetria** .... non attraversa le figure. Anche con questo asse si ottengono figure perfettamente ...., ma "ribaltate".

IL MIGLIAIO

1 Osservo.

- Quando a **9 u** aggiungo un'altra unità ottengo **10 u**, cioè **1 da**.
- Se a **9 da** aggiungo **1 da**, ottengo **10 da**, cioè **1 h**.
- Se a **9 h** aggiungo **1 h**, ottengo **10 h**, cioè **1 migliaio**.

Il migliaio ha come simbolo **k**.

k	h	da	u
1	0	0	0

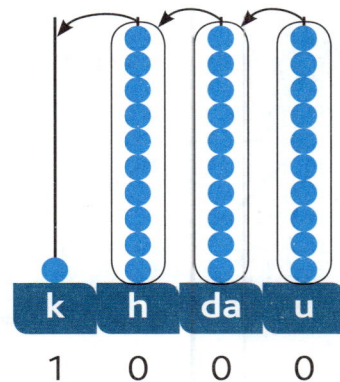

2 Compongo e scompongo, come negli esempi.

9 h + 6 da = **960 u**   1 124 = **1 k** + **1 h** + **2 da** + **4 u**

9 h + 3 da = ... u   1 348 = ... + ... + ... + ...

9 h + 7 da = ... u   1 136 = ... + ... + ... + ...

9 h + 8 da = ... u   1 095 = ... + ... + ... + ...

9 h + 9 da = ... u   1 050 = ... + ... + ... + ...

3 Formo il numero 1 000, come nell'esempio.

900 + **100** = 1 000   850 + ... = 1 000

500 + ... = 1 000   250 + ... = 1 000

700 + ... = 1 000   860 + ... = 1 000

400 + ... = 1 000   720 + ... = 1 000

800 + ... = 1 000   480 + ... = 1 000

4 Completo eseguendo i calcoli, come nell'esempio.

– 2 h	– 4 da	– 5 u	numero di partenza	+ 8 u	+ 3 da	+ 4 h
755	955	995	1 000	1 008	1 038	1 438
			1 032			
			1 071			
			1 114			
			1 400			
			1 600			

MOLTIPLICARE E DIVIDERE PER 10, 100, 1000

1 Osservo.

$3 \times 10 = 30$ $3 \times 100 = 300$ $3 \times 1000 = 3000$

Per **moltiplicare** un numero intero
per 10, **per 100** o **per 1000**, basta **aggiungere**
alla sua destra **uno**, **due** o **tre zeri**.
Il nostro, infatti, è un sistema di numerazione
decimale: per ogni spostamento verso sinistra,
una cifra aumenta il suo valore di 10 volte.

k	h	da	u
			3
		3	0
	3	0	0
4	0	0	0

2 Eseguo le moltiplicazioni.

$17 \times 10 = $ **170** $2 \times 1000 = $ .... $26 \times 10 = $ ....
$20 \times 100 = $ .... $400 \times 10 = $ .... $7 \times 100 = $ ....
$3 \times 1000 = $ .... $250 \times 10 = $ .... $5 \times 1000 = $ ....
$130 \times 10 = $ .... $13 \times 100 = $ .... $430 \times 10 = $ ....
$8 \times 100 = $ .... $9 \times 1000 = $ .... $21 \times 100 = $ ....

Per **dividere** un numero intero, che termina
con degli zeri, **per 10**, **per 100** o **per 1000**,
basta **togliere** alla sua destra **uno**, **due** o **tre zeri**.
Nel nostro sistema di numerazione decimale,
infatti, per ogni spostamento verso destra
una cifra diminuisce il suo valore di 10 volte.

k	h	da	u
3	0	0	0
	3	0	0
		3	0
			3

3 Eseguo le divisioni.

$270 : 10 = $ .... $350 : 10 = $ .... $9000 : 100 = $ ....
$300 : 100 = $ .... $4000 : 1000 = $ .... $5000 : 1000 = $ ....
$6000 : 1000 = $ .... $3000 : 100 = $ .... $640 : 10 = $ ....
$700 : 10 = $ .... $960 : 10 = $ .... $880 : 10 = $ ....
$7000 : 1000 = $ .... $800 : 10 = $ .... $1900 : 100 = $ ....

PROBLEMI CON DATI NASCOSTI

1 Leggo il testo del problema e scrivo qual è il **dato nascosto**, come nell'esempio.

a. Guglielmo questa mattina ha raccolto nel pollaio 9 dozzine di uova.
Quante uova ha raccolto in tutto?

Il **dato nascosto** è: 1 dozzina = 12 uova

b. Fabio possiede 60 euro. Filippo possiede il quadruplo di questa somma.
Quanti euro possiede Filippo?

Il **dato nascosto** è: ....

c. Lo zio di Franco ha trascorso all'estero un periodo di 15 settimane.
Quanti giorni è rimasto all'estero lo zio di Franco?

Il **dato nascosto** è: ....

d. Andrea ha completato la sua Marcia Longa in 3 ore.
Per quanti minuti in tutto ha camminato?

Il **dato nascosto** è: ....

e. La nonna di Roberto ha 78 anni.
Quanti anni le mancano per compiere un secolo?

Il **dato nascosto** è: ....

f. Da Milano a Roma in autostrada ci sono circa 600 kilometri.
Laura ha percorso già metà della strada.
Quanti kilometri ha percorso?

Il **dato nascosto** è: ....

g. Il cartolaio ha venduto 100 quinterni di fogli a quadretti.
Quanti fogli a quadretti ha venduto?

Il **dato nascosto** è: ....

Nel testo di un problema possono esserci dei **dati nascosti**.
Sono le parole o le espressioni che possono essere tradotte in un numero.
Esempi: **1 settimana** = 7 giorni; **il doppio** = x 2; **un biennio** = 2 anni…

RAPPRESENTARE I DATI

1 **Completo le tabelle, le frasi e i grafici.**

Durante i mesi dell'ultima stagione sciistica a Roccagelata si sono avute le seguenti giornate di neve:

tabella dei dati	
mesi	**giornate di neve**
ottobre	xxxxxxxxxx
novembre	xxxxx
dicembre	xxxxxxxxxxxxxx
gennaio	xxxxxxxxxxxxxxxxxxxxx
febbraio	xxxxx
marzo	xxxxx

tabella di frequenza	
mesi	**giornate di neve**
ottobre	10
novembre	
dicembre	
gennaio	
febbraio	
marzo	

- Durante la stagione sciistica le giornate di neve sono state 50 60 70 .
- Il mese con la maggior frequenza è dicembre gennaio .
- Il dato con la frequenza più alta si chiama **moda**.

Grafico a colonne • 1 giornata di neve = ▬▬▬

ottobre	novembre	dicembre	gennaio	febbraio	marzo

Ideogramma
1 giornata di neve = ✳

ottobre	
novembre	
dicembre	
gennaio	✳✳✳✳✳✳✳✳✳ ✳✳✳✳✳✳✳✳
febbraio	
marzo	

Areogramma *(usa colori diversi)*
5 giornate di neve = 1 spicchio

ottobre

LA MOLTIPLICAZIONE
CON DUE CIFRE AL MOLTIPLICATORE

1 **Osservo la moltiplicazione senza riporto.**

- 21 x 14 =
- Scrivo i **numeri uno sotto l'altro**.
- Parto dalla cifra delle unità del moltiplicatore.
- 4 x 1 = 4 Scrivo **4** nella colonna delle **u**.
- 4 x 2 = 8 Scrivo **8** nella colonna delle **da**.
- Scrivo **0** oppure metto una **lineetta** nella colonna delle **u**.
- Continuo, moltiplicando la cifra delle **da**.
- 1 x 1 = 1 Scrivo **1** nella colonna delle **da**.
- 1 x 2 = 2 Scrivo **2** nella colonna delle **h**.
- Ora **addiziono i prodotti parziali**: 84 + 210 = 294
- Eseguo la **prova**, applicando la **proprietà commutativa**.

Prova

h	da	u	
	2	1	x
	1	4	=
	8	4	
2	1	0	(-)
2	9	4	

h	da	u	
	1	4	x
	2	1	=
	1	4	
2	8	0	(-)
2	9	4	

2 **Osservo la moltiplicazione con il riporto.**

- 37 x 24 =
- Scrivo i **numeri uno sotto l'altro**.
- Parto dalla cifra delle unità
- 4 x 7 = 28 Scrivo **8** nella colonna delle **u** e riporto 2 nella colonna delle **da**.
- 4 x 3 = 12 Aggiungo 2 del riporto e ottengo 14. Scrivo 14.
- Scrivo **0** oppure metto una **lineetta** nella colonna delle **u**.
- Continuo, moltiplicando la cifra delle **da**.
- 2 x 7 = 14 Scrivo 4 nella colonna delle **da** e riporto 1 nella colonna delle **h**.
- 2 x 3 = 6 Aggiungo 1 del riporto e ottengo 7.
- Ora **addiziono i prodotti parziali**: 148 + 740 = 888
- Eseguo la **prova**, applicando la **proprietà commutativa**.

Prova

h	da	u	
	3	7	x
	2	4	=
1	4²	8	
7¹	4	0	(-)
8	8	8	

h	da	u	
	2	4	x
	3	7	=
1	6²	8	
7¹	2	0	(-)
8	8	8	

Data ....

MOLTIPLICAZIONI CON LA PROVA

1 Eseguo le moltiplicazioni **senza riporto**, con la prova.

3 1 x	1 2 x	2 3 x	2 1 x
1 2 =	3 1 =	2 1 =	2 3 =

4 4 x	1 1 x	2 3 x	1 3 x
1 1 =	4 4 =	1 3 =	2 3 =

2 Eseguo le moltiplicazioni **con il riporto**.

2 7 x	6 3 x	1 2 7 x	2 3 9 x
4 3 =	4 7 =	3 6 =	1 7 =

Numeri

PROBLEMI CON DUE DOMANDE

1 Leggo il testo, sottolineo le **due domande**, poi risolvo seguendo le indicazioni.

a. La maestra dispone di 12 risme da 500 fogli l'una di carta per fotocopie.
Per stampare il giornalino di classe utilizza 4 800 fogli.
Di quanti fogli di carta per fotocopie dispone la maestra?
Quanti fogli di carta per fotocopia rimangono inutilizzati?

Individuo i dati:

12 = numero delle risme

500 = numero dei fogli di ogni risma

4 800 = numero dei fogli utilizzati

- **Calcolo il numero totale dei fogli per fotocopia:**
  (500 x 12 = ...)
- **Calcolo il numero dei fogli rimasti inutilizzati:**
  (................. − 4 800 = ...)

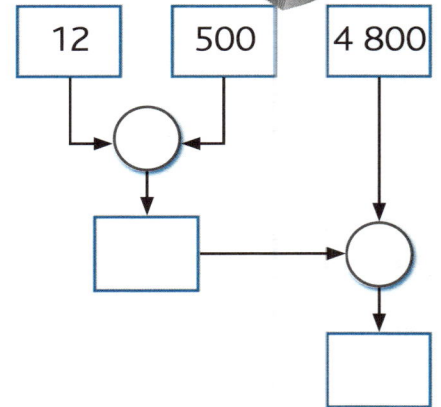

Rispondo:
La maestra dispone di ....
Rimangono inutilizzati ....

- -

b. I genitori di Luigi comprano un nuovo televisore che costa 1 250 euro.
Versano un acconto di 500 euro e pagano il resto in 6 rate.
Quanto resta da versare dopo l'acconto?
Quanto devono versare per ogni rata?

Individuo i dati:

1 250 = ...

500 = ...

6 = numero ....

- **Calcolo quanto resta da versare:**
  (............ ... . = ...)
- **Calcolo quanto versano per ogni rata:**
  (............ ... . = ...)

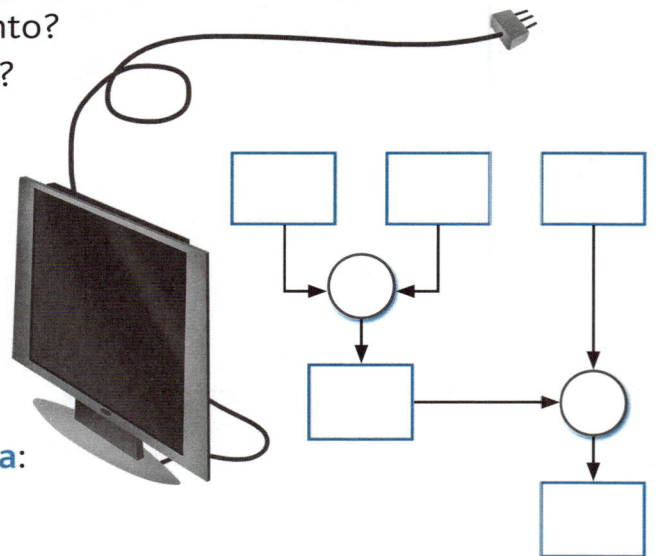

Rispondo:
Dopo l'acconto ....
Per ogni rata ....

PROBLEMI CON DUE DOMANDE

1 Risolvo i problemi.

a. I 4 componenti di una famiglia hanno speso per il loro fine settimana in un agriturismo 880 euro e per il viaggio in auto 80 euro. Quanto hanno speso in tutto per il loro fine settimana? Quanto ha speso ogni componente della famiglia?

Dati

4 = numero ....

880 = ...

80 = ...

● Calcolo la spesa totale: (............ ... . = ...)

● Calcolo la spesa di ognuno: (............ ... . = ...)

Rispondo:

La spesa totale ....

Ogni componente ....

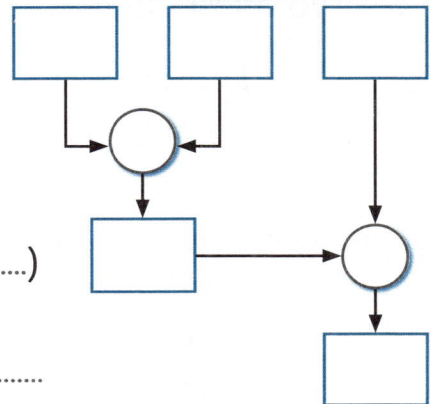

b. Per tutte le 52 settimane dell'anno Marta ha risparmiato la sua "paghetta" di 12 euro. A Natale i nonni le regalano altri 120 euro. Quanto ha risparmiato Marta nell'intero anno? Di quale somma dispone complessivamente?

Dati

52 = numero ....

12 = ...

120 = ...

● Calcolo quanto ha risparmiato in un anno:

(............ ... . = ...)

● Calcolo la somma di cui dispone ora: (............ ... . = ...)

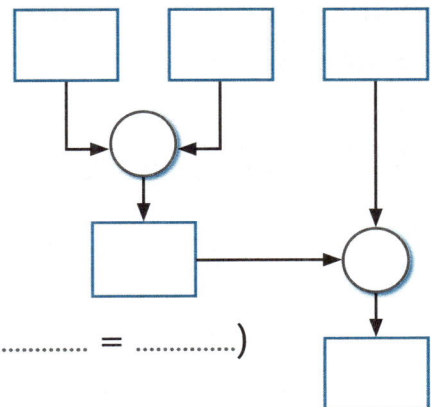

Rispondo:

Marta ha risparmiato ....

Marta dispone ....

LE FRAZIONI

Ogni volta che si divide un **intero** si ottengono due o più **parti**.

Questi interi sono stati suddivisi in **parti diverse** una dall'altra.
Quando, invece, l'intero viene suddiviso in **parti uguali**,
ogni parte prende il nome di **frazione** dell'intero.

Osservo questa figura:

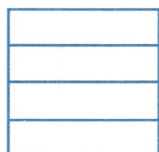

L'intero è stato diviso in quattro parti uguali, cioè in 4 **frazioni**.
Ogni parte, cioè ogni frazione, prende il nome di **un quarto**.

La frazione può essere rappresentata così:

$\dfrac{1}{4}$

numeratore = numero delle parti considerate
linea di frazione = indica la divisione
denominatore = numero delle parti in cui viene diviso l'intero

Le frazioni che hanno come numeratore **1**
sono chiamate **unità frazionarie** e indicano
una sola delle parti in cui è stato diviso l'intero:

$$\frac{1}{2} \bullet \frac{1}{3} \bullet \frac{1}{4} \bullet \frac{1}{5} \bullet \frac{1}{12}$$

Osservo:

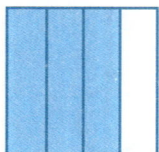

L'intero è stato suddiviso in $\dfrac{4}{4}$. Ogni parte è $\dfrac{1}{4}$ dell'intero.

Ho colorato 3 parti dell'intero, cioè $\dfrac{3}{4}$. La parte non colorata

è $\dfrac{1}{4}$ dell'intero.

Le due frazioni $\dfrac{3}{4}$ e $\dfrac{1}{4}$ sono **complementari**, perché insieme

formano l'intero: $\dfrac{3}{4} + \dfrac{1}{4} = \dfrac{4}{4}$

LE FRAZIONI

1 Osservo le figure e segno con una ✗ come sono state divise.

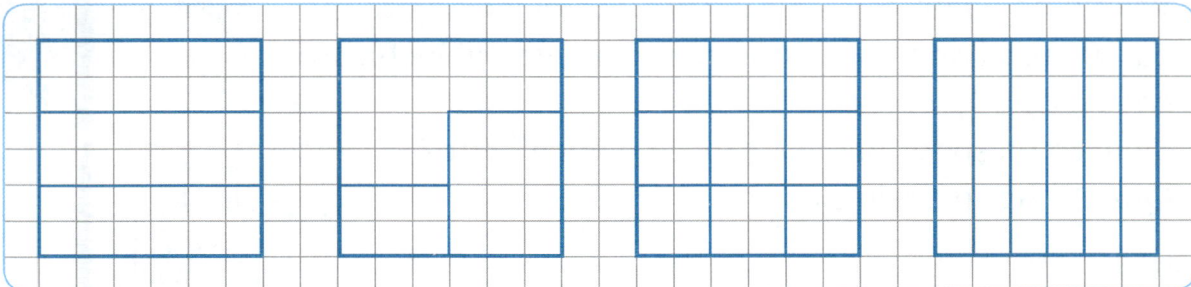

⬜ parti
⬜ frazioni

⬜ parti
⬜ frazioni

⬜ parti
⬜ frazioni

⬜ parti
⬜ frazioni

2 Scrivo il valore di ogni parte colorata, come nell'esempio.

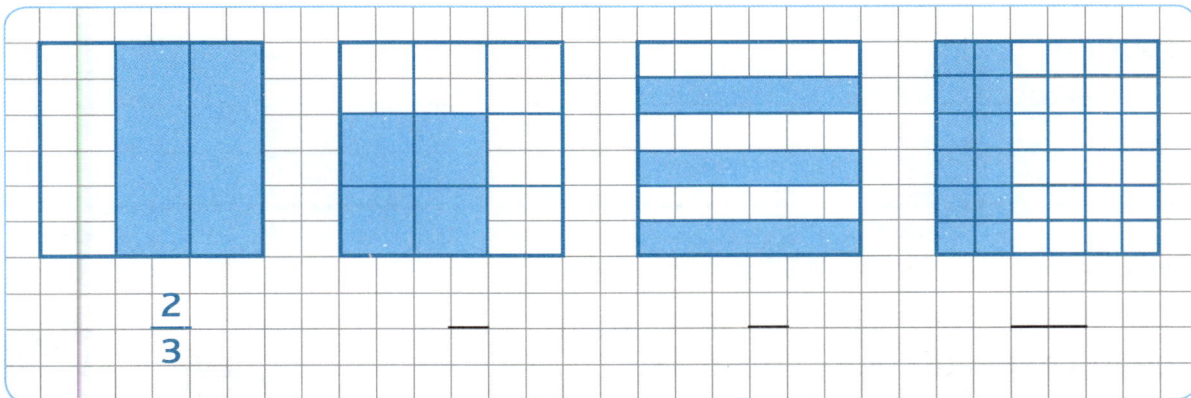

$\dfrac{2}{3}$ ___   ___   ___

3 Coloro la parte di intero indicata da ogni frazione, come nell'esempio.

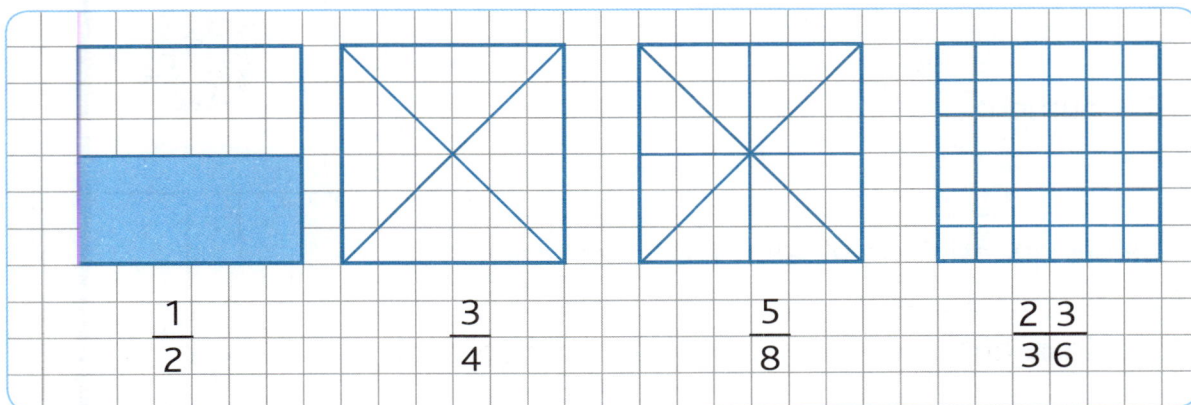

$\dfrac{1}{2}$ $\dfrac{3}{4}$ $\dfrac{5}{8}$ $\dfrac{2}{3}\,\dfrac{3}{6}$

4 Per ogni frazione, scrivo quella complementare, come nell'esempio.

$$\frac{3}{5} + \frac{2}{5} = \frac{5}{5} = 1 \qquad \frac{2}{9} + \frac{\dots}{\dots} = \frac{\dots}{\dots} = 1 \qquad \frac{3}{7} + \frac{\dots}{\dots} = \frac{\dots}{\dots} = 1$$

PROBLEMI CON DUE DOMANDE

1 **Risolvo i problemi.**

a. Valerio ha comprato 4 kit di cartucce di inchiostro
da 28 euro l'uno e una stampante a getto di inchiostro
che costa 105 euro.
Quanto ha speso per le cartucce di inchiostro?
Quanto ha speso in tutto?

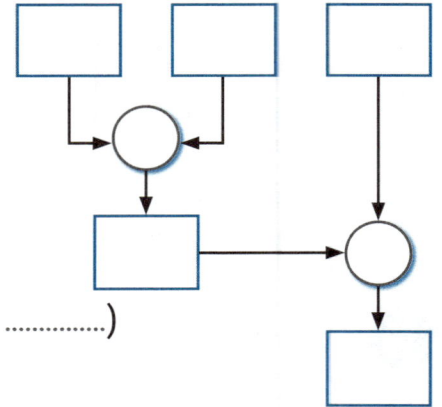

Dati

4 = numero ....

28 = ...

105 = ...

● Calcolo la spesa per le cartucce: (............ ... . = ...)
● Calcolo la spesa totale: (............ ... . = ...)

Rispondo:

Per le cartucce ....

In tutto ....

....

b. In una scuola ci sono 453 alunni.
Gli alunni di classe prima, seconda,
quarta e quinta sono in tutto 357.
Le classi terze sono 4.
Quanti sono in tutto gli alunni di classe terza?
Quanti alunni ci sono mediamente in ogni classe terza?

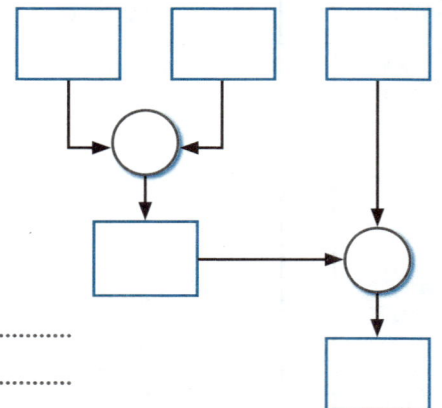

Dati

453 = numero ....

357 = ...

4 = ...

● Calcolo quanti sono gli alunni di classe terza:
(............ ... . = ...)

● Calcolo quanti sono gli alunni in ogni classe terza:
(............ ... . = ...)

Rispondo:

Gli alunni ....

In ogni terza ....

PROBLEMI CON DUE DOMANDE

1 ▸ Risolvo i problemi.

a. Per rimboschire una zona collinare franosa si utilizzano 1 800 alberelli.
Si sono già messi a dimora 405 alberelli.
I rimanenti vengono piantati in 9 giorni.
Quanti alberelli si devono ancora piantare?
Quanti alberelli vengono messi a dimora ogni giorno?

Dati

.... = ...
.... = ...
.... = ...

● Calcolo .... :
  (.................... ... . = ...)

● Calcolo .... :
  (.................... ... . = ...)

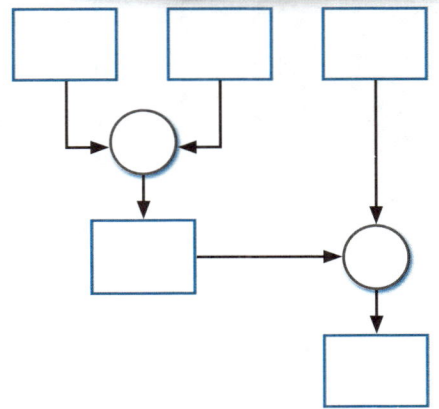

Rispondo:
Si devono ancora ....
Ogni giorno ....

· ·

b. La funivia del Pian delle Ginestre trasporta in media 18 persone alla volta.
In un giorno fa 64 viaggi tra andata e ritorno.
Quante persone trasporta in un giorno?
Quante persone trasporta in una settimana?

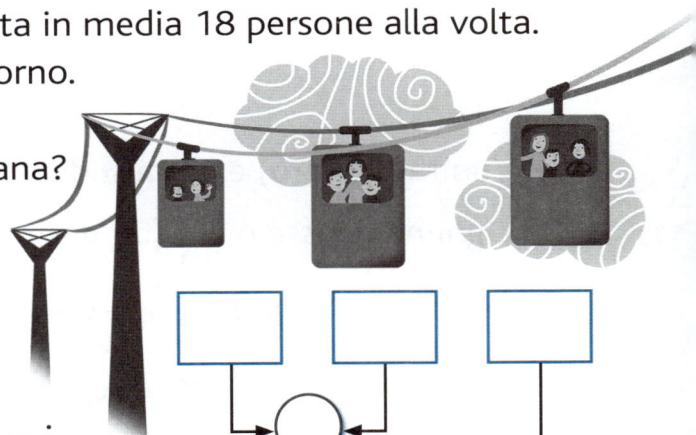

Dati

.... = ...
.... = ...
.... = ...

● Calcolo .... :
  (.................... ... . = ...)

● Calcolo .... :
  (.................... ... . = ...)

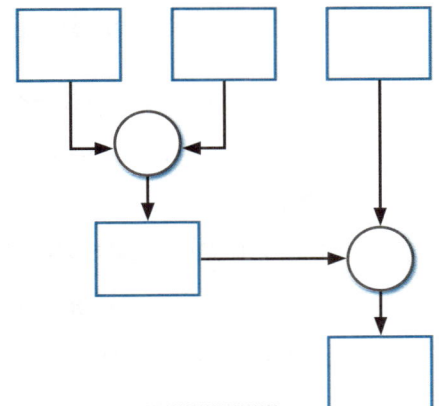

Rispondo:
In un giorno ....
In una settimana ....

LE FRAZIONI DECIMALI E I NUMERI DECIMALI

1 Osservo.

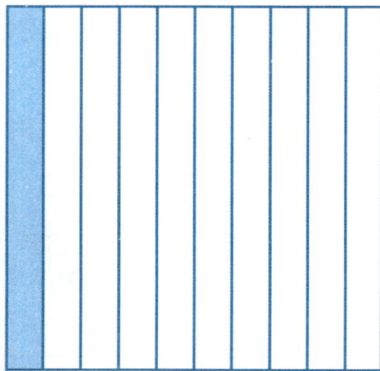

Questo quadrato (intero) è stato suddiviso in 10 parti uguali; ogni parte (frazione) è $\frac{1}{10}$ (un decimo) dell'intero.

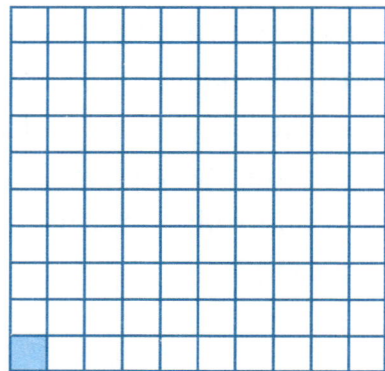

Questo quadrato (intero) è stato suddiviso in 100 parti uguali; ogni parte (frazione) è $\frac{1}{100}$ (un centesimo) dell'intero.

> Le frazioni che hanno come denominatore 10 o un multiplo di 10 (100, 1 000, …) prendono il nome di **frazioni decimali**.

2 Osservo ora la linea dei numeri.

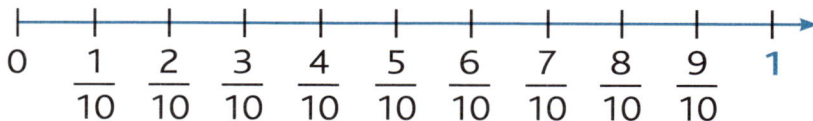

$$0 \quad \frac{1}{10} \quad \frac{2}{10} \quad \frac{3}{10} \quad \frac{4}{10} \quad \frac{5}{10} \quad \frac{6}{10} \quad \frac{7}{10} \quad \frac{8}{10} \quad \frac{9}{10} \quad 1$$

L'unità (l'intero) è stata suddivisa in 10 parti (frazioni) uguali.

Ognuna di esse è $\frac{1}{10}$ (un decimo), che può essere scritto anche così 0,1.

$\frac{1}{10}$ è una **frazione decimale**.   **0,1 è un numero decimale.**

La scrittura 0,1 mi dà le seguenti informazioni:

• lo **0** mi dice che di unità (interi) non ce ne sono;
• la **,** mi dice che dopo la parte intera c'è una parte decimale;
• L'**1** mi dice che nella parte decimale c'è 1 decimo.

decimo = **d**   centesimo = **c**   millesimo = **m**

Anche le altre frazioni decimali possono essere trasformate in numeri decimali.

$$\frac{1}{100} = 0,01 \ (0 \ u \ 0 \ d \ 1 \ c) \qquad \frac{1}{1000} = 0,001 \ (0 \ u \ 0 \ d \ 0 \ c \ 1 \ m)$$

LE FRAZIONI DECIMALI E I NUMERI DECIMALI

1 Osservo le trasformazioni e poi eseguo l'esercizio.

$$\frac{1}{10} = 0,1 \qquad 0,1 = \frac{1}{10} \qquad \bullet \qquad \frac{1}{100} = 0,01 \qquad 0,01 = \frac{1}{100}$$

$$\frac{1}{1000} = 0,001 \qquad 0,001 = \frac{1}{1000}$$

$\frac{7}{10} = $ .... $\frac{8}{10} = $ .... $\frac{5}{10} = $ .... $\frac{2}{10} = $ ....

$\frac{3}{100} = $ .... $\frac{8}{100} = $ .... $\frac{7}{100} = $ .... $\frac{5}{100} = $ ....

$\frac{2}{1000} = $ .... $\frac{7}{1000} = $ .... $\frac{4}{1000} = $ .... $\frac{8}{1000} = $ ....

$0,7 = \frac{\quad}{\quad}$ $0,6 = \frac{\quad}{\quad}$ $0,4 = \frac{\quad}{\quad}$ $0,9 = \frac{\quad}{\quad}$

$0,05 = \frac{\quad}{\quad}$ $0,02 = \frac{\quad}{\quad}$ $0,09 = \frac{\quad}{\quad}$ $0,08 = \frac{\quad}{\quad}$

$0,003 = \frac{\quad}{\quad}$ $0,008 = \frac{\quad}{\quad}$ $0,002 = \frac{\quad}{\quad}$ $0,007 = \frac{\quad}{\quad}$

2 Inserisco nella tabella i numeri decimali dati, come nell'esempio.

128,37 ● 45,018 ● 548,002 ● 2 629, 275 ●
3 080,009 ● 0,746 ● 3 048,07

k	h	da	u	,	d	c	m
	1	2	8	,	3	7	

Spazio e figure

L'AREA DEI POLIGONI

1 Osservo le superfici, calcolo la loro misura (area) e completo le frasi.

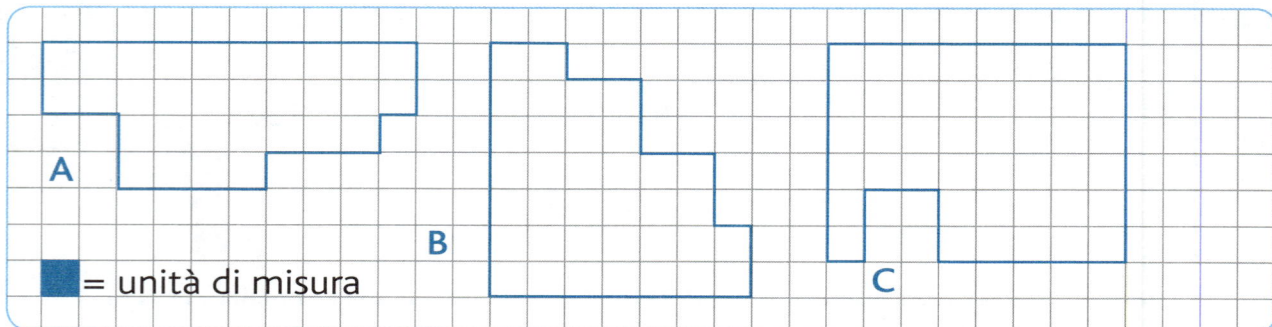

= unità di misura

L'area, cioè la misura della superficie, della **figura A** è di **31** ▪ .

L'area, cioè la misura della superficie, della **figura B** è di .... ▪ .

L'area, cioè la misura della superficie, della **figura C** è di .... ▪ .

2 Conto e poi registro di quanti quadretti è l'area delle figure.

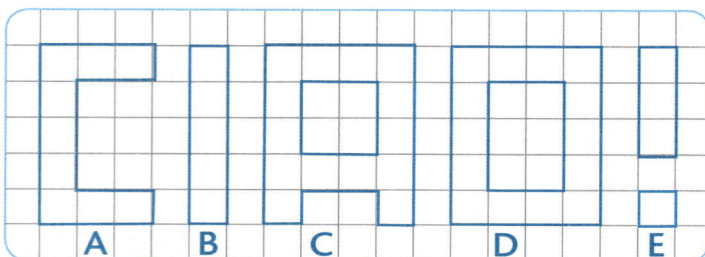

Figura A = ... ▪
Figura B = ... ▪
Figura C = ... ▪
Figura D = ... ▪
Figura E = ... ▪

La **parte di piano** racchiusa dal perimetro di un poligono è la sua **superficie**.
La **misura della superficie** di un poligono prende il nome di **area**.

3 Coloro nello stesso modo le figure che hanno la stessa area.

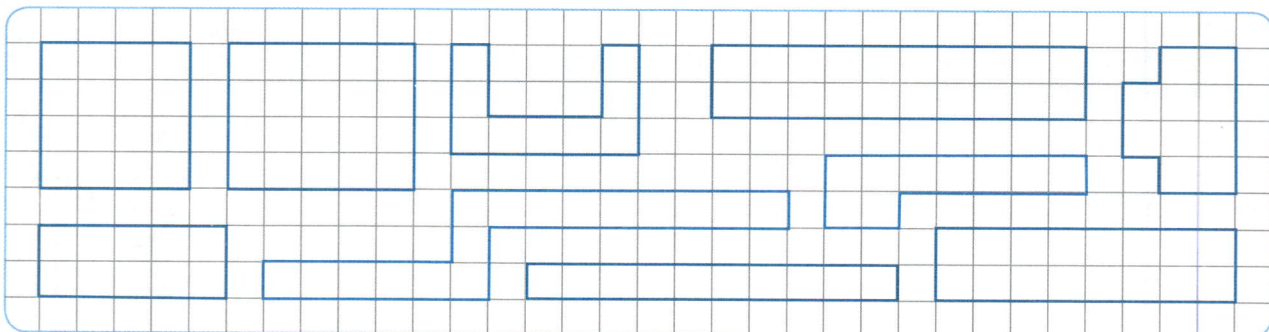

I poligoni che, diversi nella forma, hanno la **stessa area** prendono il nome di **poligoni equiestesi** (hanno la stessa estensione, cioè la stessa area).

LA PROBABILITÀ

1 Leggo, osservo il disegno, poi segno con una **X**.

In questo cesto ci sono 15 tessere numerate da 1 a 15.

- Posso pescare dal cesto un numero maggiore di 15.
  ☐ A. Certo.   ☐ B. Possibile.   ☐ C. Impossibile.

- Posso pescare dal cesto un numero maggiore di 10.
  ☐ A. Certo.   ☐ B. Possibile.   ☐ C. Impossibile.

- Posso pescare dal cesto un numero minore di 16.
  ☐ A. Certo.   ☐ B. Possibile.   ☐ C. Impossibile.

- Posso pescare dal cesto un numero pari.
  ☐ A. Certo.   ☐ B. Possibile.   ☐ C. Impossibile.

- Posso pescare dal cesto una tessera con la lettera A.
  ☐ A. Certo.   ☐ B. Possibile.   ☐ C. Impossibile.

- Le possibilità di pescare una tessera con un numero pari sono:
  ☐ A. 6 su 15   ☐ B. 7 su 15   ☐ C. 8 su 15

- Le possibilità di pescare una tessera con un numero dispari sono:
  ☐ A. 6 su 15   ☐ B. 7 su 15   ☐ C. 8 su 15

2 Leggo la frase, poi, per ogni affermazione, segno **C** (certo), **P** (possibile), **IM** (impossibile).

In 3ªA ci sono 25 alunni, due dei quali sono gemelli.
Uno dei gemelli si chiama Alfredo. I maschi sono in tutto 13.

- I maschi sono più numerosi delle femmine.   C P IM

- I gemelli sono entrambi maschi.   C P IM

- I gemelli sono entrambi femmine.   C P IM

- I gemelli sono un maschio e una femmina.   C P IM

- Se 2 maschi sono assenti le femmine sono di più.   C P IM

- Una delle femmine si chiama Ivana.   C P IM

I NUMERI DECIMALI

1 Inserisco i numeri nella tabella, rispettando il valore delle cifre.

	k	h	da	u	,	d	c	m
732,149					,			
2 000,408					,			
1 540,031					,			
7 000,007					,			
5 028,304					,			
692,3					,			
2 800,06					,			

2 Compongo i numeri, come nell'esempio.

4 h + 2 u + 8 c = **400** + **2** + **0,08** = **402,08**

5 k + 3 d + 5 c = ... + ... + ... = ...

7 h + 2 da + 6 d = ... + ... + ... = ...

8 da + 9 m = ... + ... = ...

2 h + 9 c + 2 m = ... + ... + ... = ...

3 k + 3 m = ... + ... = ...

3 Completo le sequenze, rispettando l'operatore.

+ 0,2 | 0,5 | .... | .... | 1,1 | .... | ....

+ 0,25 | 1,65 | .... | 2,15 | .... | .... | ....

+ 0,006 | 0,989 | .... | 1,001 | .... | .... | ....

− 0,3 | 2,4 | .... | .... | .... | .... | 0,9

− 0,15 | 3,45 | .... | .... | .... | .... | 2,70

− 0,005 | 1,013 | .... | .... | 0,998 | .... | ....

I NUMERI DECIMALI

1 Eseguo le trasformazioni, come nell'esempio.

2,5 u = **25** d   3,46 u = ... c   6,425 u = ... m

7,4 u = ... d   1,94 u = ... c   8,017 u = ... m

0,8 u = ... d   0,25 u = ... c   0,348 u = ... m

38 d = **3,8** u   158 c = ... u   2358 m = ... u

64 d = ... u   384 c = ... u   4 444 m = ... u

90 d = ... u   75 c = ... u   627 m = ... u

> Tutti i numeri hanno come **indicatore** (marca) l'unità (**u**), che nella vita quotidiana spesso viene sottintesa: 35 (**u**); 4,8 (**u**); 0,25 (**u**); 0,007 (**u**)…
> La marca può essere cambiata solo operando una trasformazione del numero, ovvero facendo una **equivalenza** (equivalenza = *stesso valore*):
> 35 **u** = 3,5 **da** = 350 **d** = 3500 **c**

2 Elimino con una ✗ gli zeri non necessari, come nell'esempio.

0,09✗   207,027   080,800

3,400   027,207   005,500

009,09   003,030   500,050

> Nella scrittura di un numero gli zeri che precedono la parte intera o seguono la parte decimale non modificano il valore del numero e si devono tralasciare:
> ✗✗45   ✗45✗   ✗3,58✗   ✗0,8✗✗

3 Completo la tabella con gli zeri necessari e scrivo il numero ottenuto, come nell'esempio.

k	h	da	u	,	d	c	m	
7	0	0	0	,	0	6		7 000,06
		5		,			2	....
	6		2	,	3			....
				,		9		....
3		4		,			3	....
				,		2	8	....
	4		3	,		3		....

LE MISURE DI LUNGHEZZA

1 Misuro la lunghezza di questo segmento, secondo l'**unità di misura** indicata di volta in volta, poi completo.

unità di misura = 32

unità di misura = ...

unità di misura = ...

La .... del segmento rimane sempre la stessa.
La misura della sua lunghezzaa cambia ogni volta,
perché .... ogni volta l'unità di misura usata.
Quelle che ho usato sono .... di misura arbitrarie.
Per avere misure che valgono per tutti si usa come unità
di .... della lunghezza il **metro**, che è una unità
di misura convenzionale, cioè usata da tutti.

2 Osservo la tabella delle **misure di lunghezza**.

multipli			unità di misura	sottomultipli		
kilometro	ettometro	decametro	metro	decimetro	centimetro	millimetro
km	hm	dam	m	dm	cm	mm
1 000 m	100 m	10 m	1 m	0,1 m	0,01 m	0,001 m

I **multipli** si usano per misurare lunghezze maggiori del metro.
I **sottomultipli** si usano per misurare lunghezze minori del metro.
In questa pagina posso rappresentare solo il decimetro.

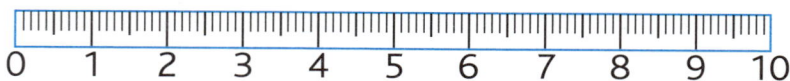

0 1 2 3 4 5 6 7 8 9 10

In **1 decimetro** (**dm**) ci sono **10 centimetri** (**cm**).
In **1 centimetro** (**cm**) ci sono **10 millimetri** (**mm**).
In **1 decimetro** (**dm**) ci sono **100 millimetri** (**mm**).
Se misuro ora il segmento tracciato all'inizio della pagina,
usando il righello, vedo che la sua lunghezza è di .... cm.

LE MISURE DI LUNGHEZZA

1 Leggo e completo.

Per fare **1 metro** (m) ci vogliono .... **dm** o .... **cm** o .... **mm**.

Per fare **1 decametro** (dam) ci vogliono .... **m**.

Per fare **1 ettometro** (hm) ci vogliono .... **m** o .... **dam**.

Per fare **1 kilometro** (km) ci vogliono .... **m** o .... **dam** o .... **hm**.

In una misura la **marca** usata è sempre riferita alla **cifra delle unità**, cioé all'ultima cifra a destra di un numero intero o a quella che precede la virgola, se il numero è decimale.

29 m   32,16 km   45,06 dm   0,9 dm

2 Inserisco le misure nella tabella, rispettando il valore di ogni cifra, poi eseguo le **equivalenze**, come nell'esempio.

km	hm	dam	m	dm	cm	mm	
		3	4				= **3,4** dam
							= .... km
							= .... m
							= .... m
							= .... dam
							= .... dm
							= .... m
							= .... dam
							= .... m
							= .... dm
							= .... mm

34 m — 7 812 m — 3 428 mm — 784 cm — 2 529 dm — 325 mm — 78 cm — 1,2 km — 0,72 hm — 3,5 dam — 0,288 m

Per eseguire un'equivalenza, cioé per trasformare una misura in un'altra dello stesso valore, **sposto la virgola verso destra o verso sinistra**, ricordando che i numeri interi è come se avessero la virgola dopo l'ultima cifra a destra.

m   dm   cm   mm   hm   dam   m

6 , 2   9 , 3   cm = 6,293 m   7   8 (,) m = 0,78 hm

Numeri

PROBLEMI CON UNA DOMANDA
E DUE OPERAZIONI

1 ▶ Risolvo i problemi.

a. Un podista ha già percorso 18 volte il circuito di 320 m attorno al campo di calcio. Quale distanza deve ancora percorrere per coprire gli 8 000 metri della gara?

Dati

18 = numero ....

320 m = ...

8 000 m = ...

- Quanti metri ha già percorso il podista?
  (320 x 18 = ...)
- Calcolo ora la distanza che deve ancora percorrere:
  (8 000 − .... = ...)

Rispondo

Per coprire ....

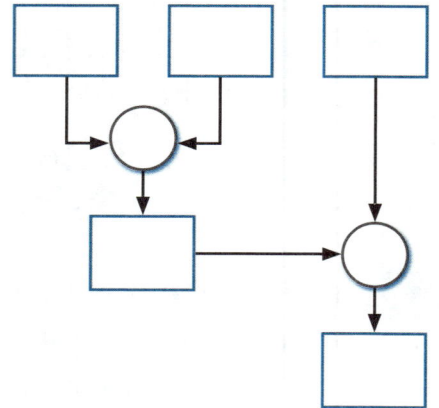

· ·

b. Due centraline elettriche distano tra loro 1 664 metri. Per collegarle con il cavo elettrico sono necessarie 8 campate (i cavi usati tra un sostegno e l'altro). Quanto costa la realizzazione di una campata se il cavo costa 25 euro al metro?

Dati

1 664 = numero ....

8 = ...

25 = ...

Questo problema ha una **domanda nascosta**:

- Quanti metri misura ogni campata?
  (1 664 ..... 8 = ... m)
- Calcolo ora il costo per ogni campata:
  (25 .... = ... euro)

Rispondo

Ogni campata ....

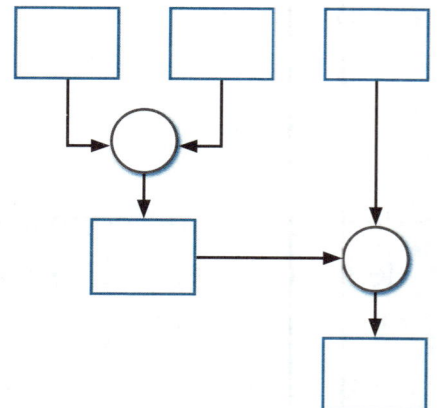

PROBLEMI CON UNA DOMANDA
E DUE OPERAZIONI

1 Risolvo i problemi.

a. Siamo giunti in vetta al Monte Roccioso in 6 ore, percorrendo due tappe: una di 3 850 m e l'altra di 4 220 m. Quanti metri abbiamo percorso in media ogni ora?

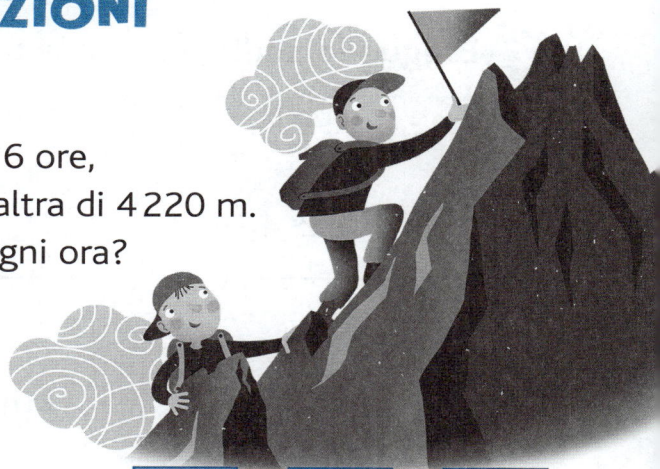

Dati

6 = numero ....

3 850 m = ...

4 220 m = ...

La **domanda nascosta** di questo problema è:

• Quanti metri abbiamo percorso in tutto?
   (3 850 .... = ...)

• Calcolo ora quanti metri abbiamo percorso in media in un'ora:
   (............ .... = ... m)

Rispondo

In media ....

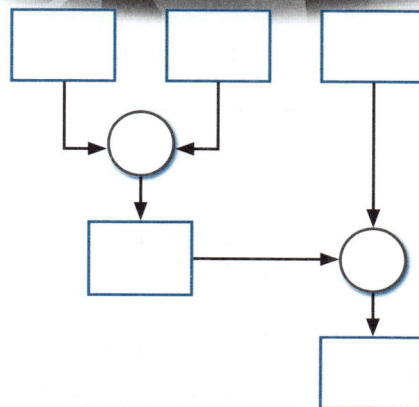

b. Per bordare una tovaglia quadrata con il lato lungo 150 cm, la mamma acquista 750 cm di passamaneria. Quanti cm di passamaneria le avanzano?

Dati

150 cm = ...

.... = numero ....

700 cm = ...

La **domanda nascosta** è:

• Quanti cm misura il perimetro della tovaglia?
   (150 .... = ... cm)

• Calcolo ora quanti centimetri di passamaneria avanzano:
   (............. .... = ... cm)

Rispondo

Avanzano ....

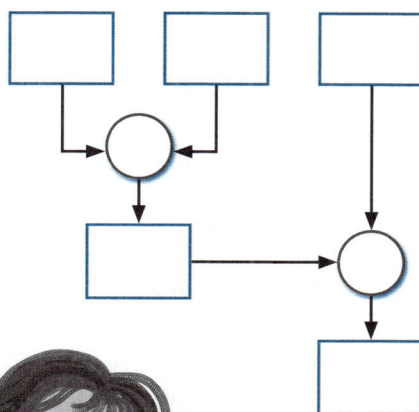

L'ADDIZIONE

1 Eseguo le addizioni con la prova.

k	h	da	u
	3	4	5	+
	6	2	4	=

k	h	da	u
				+
				=

k	h	da	u
	4	7	7	+
	3	9	8	=

k	h	da	u
				+
				=

k	h	da	u
1	2	5	6	+
	6	7	8	=

k	h	da	u
				+
				=

k	h	da	u
2	3	2	9	+
1	5	8	6	=

k	h	da	u
				+
				=

k	h	da	u
2	0	0	7	+
5	9	9	9	=

k	h	da	u
				+
				=

k	h	da	u
3	0	6	0	+
4	8	7	8	=

k	h	da	u
				+
				=

k	h	da	u
		4	8	+
	6	5	2	+
1	2	0	4	=

k	h	da	u
				+
				+
				=

k	h	da	u
	2	9	5	+
		8	4	+
2	0	3	8	=

k	h	da	u
				+
				+
				=

k	h	da	u
2	6	4	4	+
	9	1	3	+
3	6	6	3	=

k	h	da	u
				+
				+
				=

k	h	da	u
4	7	2	9	+
1	2	9	4	+
2	6	3	5	=

k	h	da	u
				+
				+
				=

Data ....

LA MOLTIPLICAZIONE

1 eseguo le moltiplicazioni.

| 1 2 3 x | 2 5 7 x | 3 2 9 x | 5 8 1 x |
| 6 = | 5 = | 4 = | 7 = |

| 6 0 4 x | 8 5 3 x | 3 7 8 x | 6 1 5 x |
| 4 = | 6 = | 9 = | 8 = |

| 4 2 x | 5 7 x | 6 4 x | 9 5 x |
| 2 3 = | 3 6 = | 2 8 = | 4 6 = |

| 1 1 4 x | 2 8 3 x | 1 9 8 x | 2 9 2 x |
| 2 6 = | 3 5 = | 4 7 = | 3 8 = |

LE MISURE DI PESO

1 Leggo e rifletto.

Anche per misurare il peso esatto degli oggetti occorre una unità di misura uguale per tutti.

2 Osservo la tabella delle misure di peso.

multipli			unità di misura	sottomultipli					
Mega-grammo	quintale	10 kg	kilo-grammo	etto-grammo	deca-grammo	grammo	deci-grammo	centi-grammo	milli-grammo
Mg (t)	q	10 kg	kg	hg $\frac{1}{10}$ di kg	dag $\frac{1}{100}$ di kg	g $\frac{1}{1000}$ di kg	dg $\frac{1}{10}$ di g	cg $\frac{1}{100}$ di g	mg $\frac{1}{1000}$ di g
1000 kg	100 kg	10 kg	1kg	0,1 kg	0,01 kg	0,001 kg	0,01 g	0,001 g	0,0001 g

- I **multipli** si usano per misurare i pesi **superiori al kilogrammo**.
- I **sottomultipli** si usano per misurare i pesi **inferiori al kilogrammo**.

3 Per ogni oggetto, scrivo M se per misurare il suo peso devo utilizzare i **multipli** oppure S se devo usare i **sottomultipi**.

- ⬜ matita
- ⬜ automobile
- ⬜ poltrona
- ⬜ bicchiere
- ⬜ valigia
- ⬜ mela
- ⬜ vocabolario
- ⬜ coltello
- ⬜ lampadina
- ⬜ anello
- ⬜ gomma
- ⬜ martello
- ⬜ aspirapolvere
- ⬜ tappeto
- ⬜ tir

4 Completo, aiutandomi con la tabella delle misure di peso.

- In **1 kilogrammo (kg)** ci sono:
  .... **ettogrammi (hg)**, ... **decagrammi (dag)**, ... **grammi (g)**,
- In **1 grammo (g)**, ci sono:
  .... **decigrammi (dg)**, ... **centigrammi (cg)**, ... **milligrammi (mg)**,
- Per fare **1 Megagrammo (Mg)** ci vogliono .... **kg**.
- Per fare **1 quintale** ci vogliono .... **kg**.

LE MISURE DI PESO

1 Leggo e ricordo.

In una misura la **marca** usata è sempre riferita alla **cifra delle unità**, cioé all'ultima cifra a destra di un numero intero o a quella che precede la virgola, se il numero è decimale.

46   kg   95,62   hg   5,06   g   0,9   dag

2 Inserisco le misure nella tabella, rispettando il valore di ogni cifra, poi eseguo le **equivalenze**, come nell'esempio.

	Mg	100 kg	10 kg	kg	hg	dag	g	dg	cg	mg	
85 g						8	5				= **8,5** dag
5 324 kg											= .... Mg
3 215 mg											= .... g
312 cg											= .... g
6 244 dg											= .... dag
800 mg											= .... dg
83 cg											= .... g
7,3 kg											= .... dag
0,81 hg											= .... g
3,5 Mg											= .... kg
0,345 Mg											= .... kg
125 kg											= .... Mg
9 000 kg											= .... Mg
6 000 mg											= .... g

Per eseguire un'equivalenza, cioé per trasformare una misura in un'altra dello stesso valore, **sposto la virgola verso destra o verso sinistra**, ricordando che i numeri interi è come se avessero la virgola dopo l'ultima cifra a destra.

kg	hg	dag	g		g	dg	cg
8	1	3 ,	6	dag = 8,136 kg	8		4 (,) cg = 0,84 g

PROBLEMI CON L'EQUIVALENZA

1 **Leggo e rifletto.**

Il droghiere ha macinato 28 kg di caffè con il quale confeziona dei sacchetti da 2 hg l'uno.
Quanti sacchetti può confezionare?

Dati

28 kg = peso di tutto il caffè macinato
2 hg = peso di 1 sacchetto di caffè
Questo problema ha una **domanda nascosta**:

- Quanti hg pesa tutto il caffè?
  Occorre eseguire una **equivalenza**:
  28 kg = 280 hg
- Calcolo ora quanti sacchetti può confezionare il droghiere:
  280 : 2 = 140

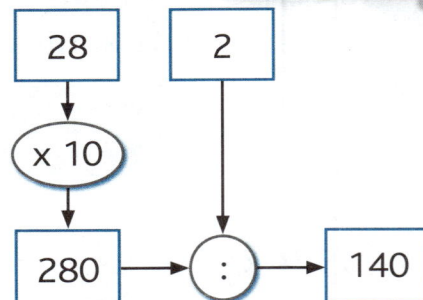

28	2

$\times 10$

| 280 | : | 140 |

Rispondo

Il droghiere può confezionare 140 sacchetti di caffè.

· ·

2 **Risolvo il problema, usando lo schema dato.**

In una serra sono stati raccolti 45 kg di fragole con i quali si sono confezionati cestini da 3 hg l'uno.
Quanti cestini sono stati confezionati?

Dati

45 kg = ...
3 hg = ...
Questo problema ha una **domanda nascosta**:

- Quanti .... pesano le fragole?
  45 kg = ... hg
- Calcolo ora quanti cestini sono stati confezionati:
  .... = ...

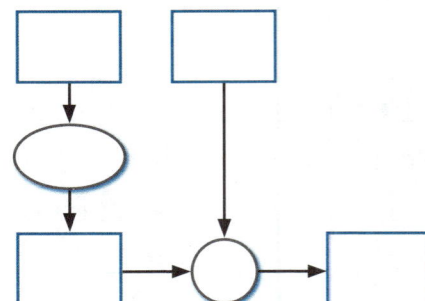

Rispondo

Sono stati confezionati ....

PROBLEMI CON L'EQUIVALENZA

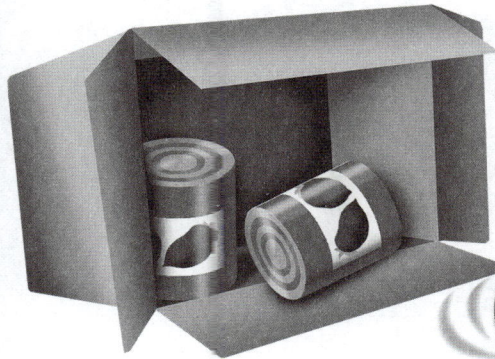

1 Risolvo i problemi, utilizzando gli schemi dati.

a. In uno scatolone sono stati messi 32 barattoli di pelati da 250 g l'uno.
Quanti kg di pelati ci sono nello scatolone?

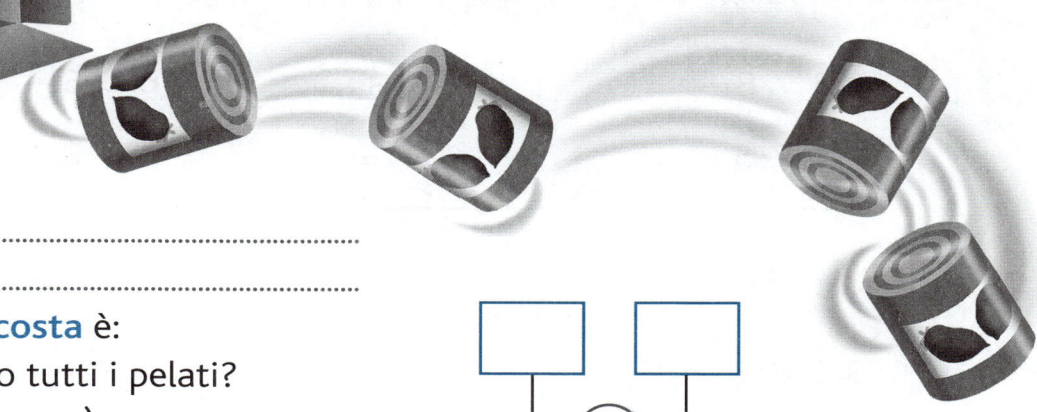

Dati

32 = ...

250 g = ...

La **domanda nascosta** è:

• Quanti g pesano tutti i pelati?

(.......... .... = ...)

Per sapere quanti kg pesano i pelati occorre eseguire una equivalenza.

.... g = ... kg

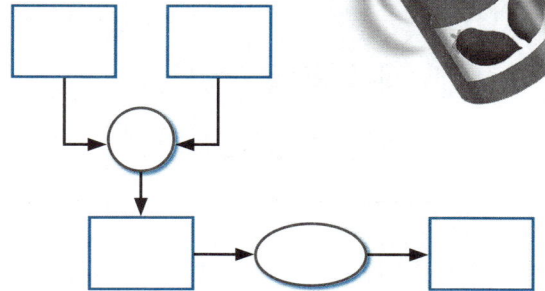

Rispondo

Nello scatolone ....

b. Un allevatore ha acquistato un sacco di mangime per polli che pesa 75,6 kg.
Se i polli ne consumano 9 hg al giorno, per quanti giorni gli basterà il mangime?

Dati

75,6 kg = ...

9 hg = ...

La **domanda nascosta** è:

• Quanti .... pesa il mangime?

75,6 kg = ... hg

• Calcolo ora quanti giorni dura il mangime:

(..... .... = ...)

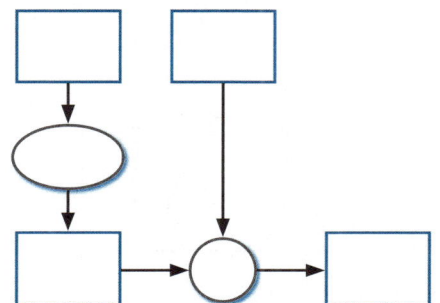

Rispondo

Il mangime ....

Numeri

LA SOTTRAZIONE

1 Eseguo le sottrazioni con la prova.

```
3 7 8 -            +        6 9 6 -            +
1 2 5 =            =        4 7 2 =            =
_____        _____     _____        _____


3 5 8 5 -          +        5 7 9 4 -          +
1 2 5 3 =          =        2 3 6 1 =          =
_____        _____     _____        _____


6 5 2 -            +        8 7 3 -            +
1 2 7 =            =        2 4 8 =            =
_____        _____     _____        _____


4 5 6 -            +        8 1 5 -            +
2 7 8 =            =        5 3 7 =            =
_____        _____     _____        _____


5 1 2 2 -          +        8 0 0 0 -          +
3 8 7 4 =          =        3 9 2 8 =          =
_____        _____     _____        _____
```

LA DIVISIONE

1 Eseguo le divisioni in colonna, con la prova.

91 : 7 =   x   96 : 8 =   x
=   =

735 : 5 =   x   924 : 6 =   x
=   =

8799 : 7 =   x   9365 : 5 =   x
=   =

9517 : 8 =   x   7949 : 6 =   x
=   =
+   +
=   =

9000 : 7 =   x   8778 : 9 =   x
=   =
+   +
=   =

LE MISURE DI CAPACITÀ

1 Leggo e completo.

Anche per .... la **capacità** dei recipienti occorre
una **unità di misura** .... **per tutti**.
L'unità di misura della .... è il **litro**, che si scrive **l**.

2 Osservo la tabella delle misure di capacità, poi completo colorando
il riquadro esatto.

multipli		unità di misura	sottomultipli		
ettolitro	decalitro	litro	decilitro	centilitro	millilitro
hl	dal	l	dl	cl	ml
100 l	10 l	1 l	$\frac{1}{10}$ di l	$\frac{1}{100}$ di l	$\frac{1}{1000}$ di l
			0,1 l	0,01 l	0,001 l

- Per misurare una capacità (inferiore) (superiore) **al litro** si usano i **multipli**.
- Per misurare una capacità (inferiore) (superiore) **al litro** si usano
  i **sottomultipli**.

3 Per ogni recipiente, scrivo **M** se per misurare la sua capacità devo
utilizzare i **multipli** oppure **S** se devo usare i **sottomultipli**.

- fiala
- damigiana
- fiasco
- tanica
- lattina
- autobotte

- vasca da bagno
- bicchiere
- piscina
- siringa
- brocca
- bottiglia

- spruzzatore del deodorante
- bottiglietta di profumo
- tazzina da caffè
- innaffiatorio

4 Completo, aiutandomi con la tabella delle misure di capacità.

- In **1 litro** (**l**) ci sono: .... **decilitri** (**dl**), ... **centilitri** (**cl**), ... **millilitri** (**ml**)
- Per fare **1 decalitro** (**dal**) ci vogliono .... **litri** (**l**).
- In **1 ettolitro** ci sono: .... **decalitri** (**dal**), ... **litri** (**l**)

LE MISURE DI CAPACITÀ

1 Leggo e completo con le parole date.

precede • unità • decimale • destra

- In una misura la **marca** usata è sempre riferita alla **cifra delle** ...., cioè all'ultima cifra a .... di un numero intero o a quella che .... la virgola, se il numero è ....

valore • destra • virgola • trasformare

- Per eseguire una equivalenza, cioè per .... una misura in un'altra dello stesso ...., **sposto la** .... **verso destra o verso sinistra**, ricordando che i numeri interi è come se avessero la virgola dopo l'ultima cifra a ....

2 Circondo la cifra a cui si riferisce la marca, come nell'esempio.

12⑧l	35,6 dal	0,15 dl	2 800 cl	0,09 hl
2,5 cal	300 cl	15,8 l	6,45 hl	5 000 ml

3 Inserisco le misure nella tabella, rispettando il valore di ogni cifra e poi eseguo le **equivalenze**, come nell'esempio.

	hl	dal	l	dl	cl	ml	
25 l		2	5				= **2,5 dal**
1 282 dl							= l
43 dal							= .... hl
0,37 hl							= l
2 400 dl							= .... dal
950 cl							= l
2,18 hl							= .... dal
0,09 dal							= .... dl
400 dl							= l
75,4 cl							= l
829 l							= .... hl
0,003 hl							= l
7 000 ml							= l

PROBLEMI CON L'EQUIVALENZA

1 Risolvo i problemi, utilizzando gli schemi dati.

a. Con 48 l di succo d'arancia si riempiono delle lattine, che hanno la capacità di 2 dl l'una.
Quante lattine si possono confezionare?

Dati

48 l = ...

2 dl = ...

La **domanda nascosta** è:

- Quanti **dl** di succo d'arancia?
  Occorre eseguire una ....
  48 l = ...
- Calcolo ora quante lattine
  si possono confezionare:
  (.......... .... = ...)

Rispondo

Si possono confezionare ....

- -

b. Da una botte che contiene 2,84 hl di vino
ne vengono spillati 146 litri.
Quanti litri di vino contiene ora la botte?

Dati

2,84 hl = ...

146 l = ...

La **domanda nascosta** è:

- Quanti .... di vino contiene la botte?
  2,84 hl = ...
- Calcolo quanti litri di vino contiene ora la botte:
  (.......... .... = ...)

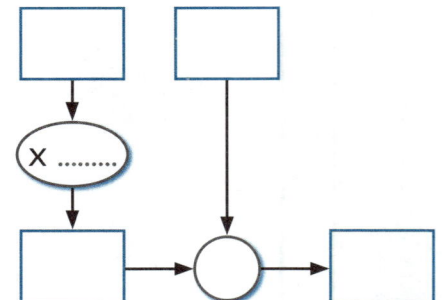

Rispondo

La botte ....

PROBLEMI CON L'EQUIVALENZA

1 Risolvo i problemi, utilizzando gli schemi dati.

a. La mamma ha acquistato 24 bottiglie di olio, ognuna delle quali ne contiene 75 cl.
Quanti litri di olio ha acquistato la mamma?

Dati

24 = ...

75 cl = ...

La **domanda nascosta** è:

● Quanti **cl** di olio ha acquistato la mamma?

(.... .... = ...)

Per sapere quanti litri di olio
ha acquistato la mamma
occorre eseguire una **equivalenza**.

.... cl = ... l

Rispondo

La mamma ....

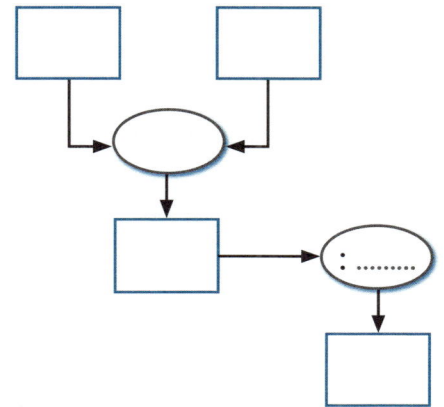

....

b. Per riempire la sua piscina gonfiabile,
che ha la capacità di 3,28 hl, Marco usa
un secchio, che ha la capacità di 8 litri.
Quanti secchi d'acqua occorrono
per riempire la piscina?

Dati

3,28 hl = ...

8 l = ...

La **domanda nascosta** è:

● Quanti .... di acqua contiene la piscina?

3,28 hl = ...

● Calcolo ora quanti secchi d'acqua occorrono:

(.... .... = ...)

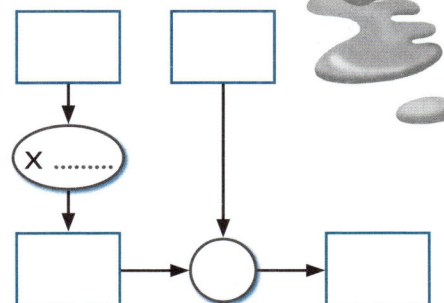

Rispondo

Per riempire ....

IL SISTEMA MONETARIO DELL'EURO

1 Per ogni moneta, scrivo il valore corrispondente, come negli esempi.

1 centesimo   ....

....   1 euro   ....

2 Per ogni banconota, scrivo il valore corrispondente, come nell'esempio.

5 euro   ....

....

3 Completo lo schema, come negli esempi, e la frase.

MULTIPLI   SOTTOMULTIPLI

....

....   20 centesimi

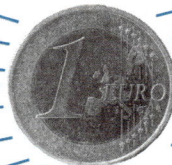

50 Euro   ....

....

....

....

L'euro è la .... in uso nella maggior parte dei Paesi dell'Europa.
Il simbolo dell'euro è €.
Questo sistema monetario si avvale di .... monete e di .... banconote.

IL SISTEMA MONETARIO DELL'EURO

1 Completo le tabelle, come negli esempi.

	1 centesimo	2 centesimi	5 centesimi	10 centesimi	20 centesimi	50 centesimi
€ 1	100					
€ 2						
€ 5					25	
€ 10						
€ 20						

	1 euro	2 euro	5 euro	10 euro	20 euro	50 euro
€ 5				X	X	X
€ 10			2		X	X
€ 20						X
€ 50					X	
€ 100						
€ 200						
€ 500						

2 Segno con X i cambi esatti.

- 1 euro + 20 cent + 50 cent
- 50 cent + 50 cent + 50 cent + 50 cent
- 1 euro + 50 cent + 20 cent + 20 cent + 10 cent

- 10 euro + 5 euro + 2 euro + 2 euro + 1 euro
- 5 euro + 5 euro + 5 euro + 2 euro
- 10 euro + 2 euro + 2 euro + 2 euro + 2 euro + 2 euro

PESO LORDO, PESO NETTO, TARA

1 Osservo, poi completo.

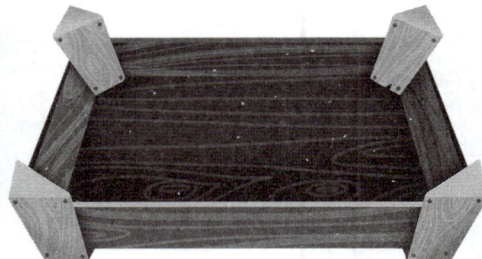

4 kg
cassetta + mele
Peso lordo

3,5 kg
mele
Peso netto

0,5 kg
cassetta
Tara

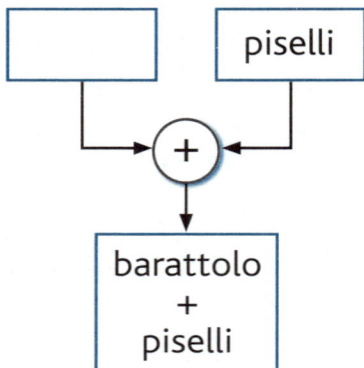

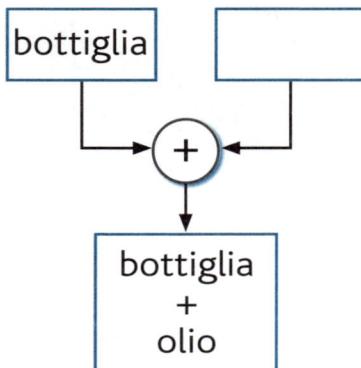

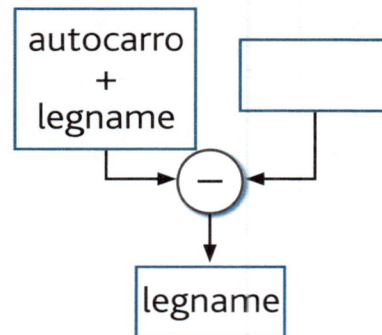

Le merci che non hanno bisogno di contenitore si dice che sono **sfuse**.
Molte merci hanno bisogno di un **contenitore**, che prende il nome di **tara**.
La merce senza il contenitore è il **peso netto**.
La merce con il suo contenitore è il **peso lordo**.

2 Completo gli schemi.

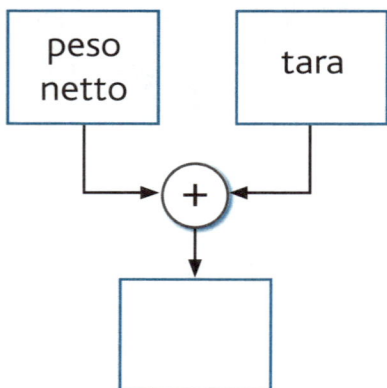

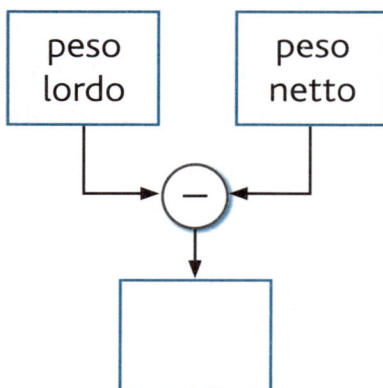

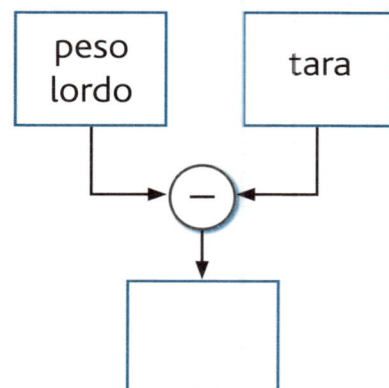

Data ....

PROBLEMI CON PESO LORDO, PESO NETTO, TARA

1 ▸ **Risolvo i problemi.**

a. Un peschereccio scarica 48 cassette di pesce.
Le cassette vuote pesano ognuna 2 kg
e contengono mediamente 8 kg di pesce.
Qual è il peso lordo scaricato dal peschereccio?

Dati

48 = numero ....

2 kg = ...

8 kg = ...

La **domanda nascosta** è:

● Qual è il peso lordo di una cassetta?

   (.......... .... = ...)

● Calcolo ora il peso lordo totale:

   (.......... .... = ...)

Rispondo

Il peso lordo ....

....

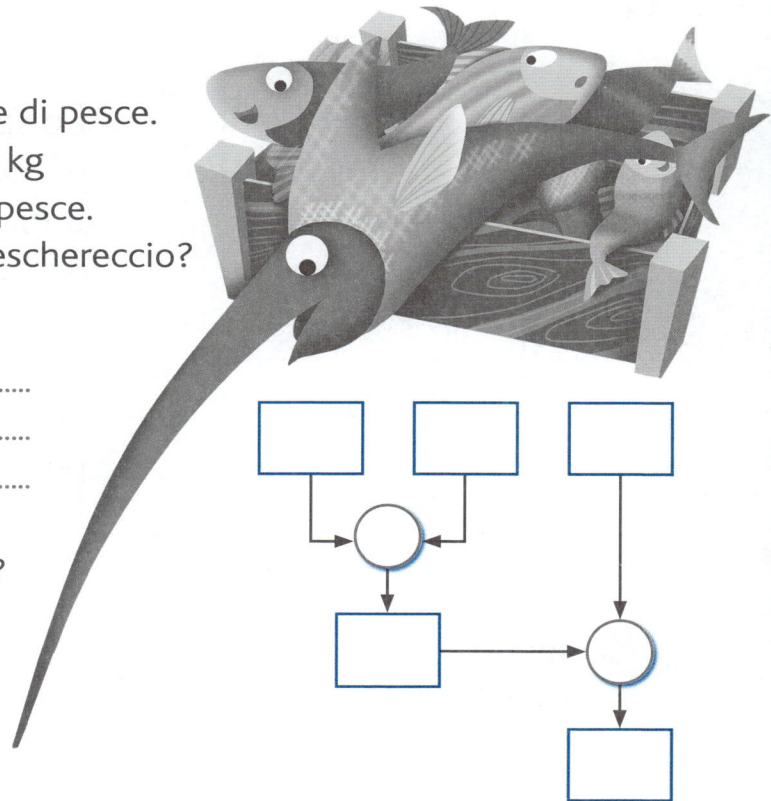

b. Un piccolo container pieno di sedie da giardino ha un peso lordo complessivo
di 2 720 kg. Il container vuoto pesa 356 kg e ogni sedia pesa 4 kg.
Quante sedie da giardino ci sono nel container?

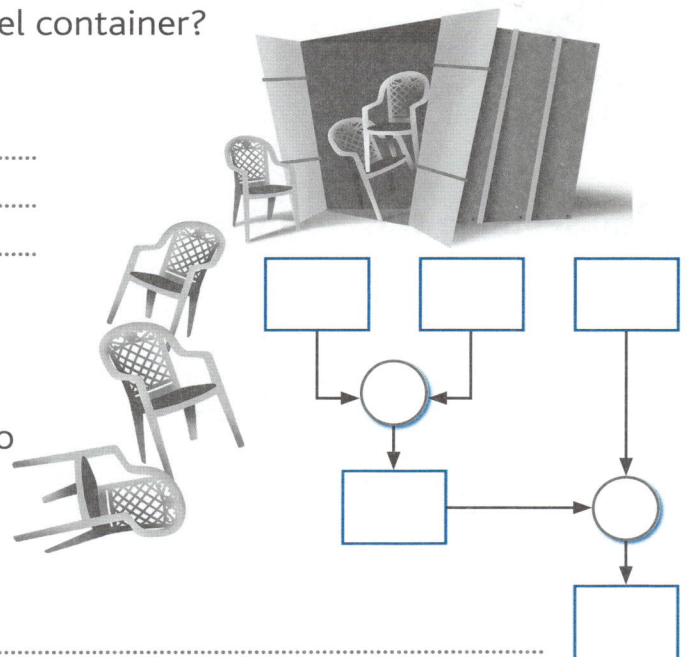

Dati

2 720 = ...

356 kg = ...

4 kg = ...

La **domanda nascosta** è:

● Qual è il peso netto del container?

   (....... .... = ...)

● Calcolo ora quante sedie da giardino
ci sono nel container:

   (....... .... = ...)

Rispondo

Nel container ....

LA TRASLAZIONE

1 Osservo.

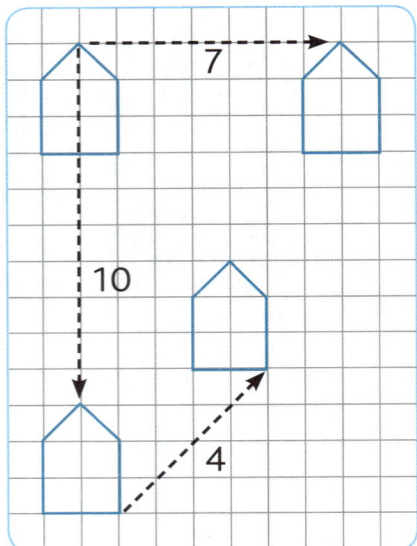

Lo spostamento di una figura sul piano prende il nome di **traslazione**.
Il movimento avviene sempre per **linee rette**, secondo varie direzioni (orizzontali, verticali, oblique).
Per indicare la **direzione**, il **verso** e l'entità dello **spostamento**, si usa una **freccia** che pende il nome di **vettore**.

2 Eseguo le traslazioni.

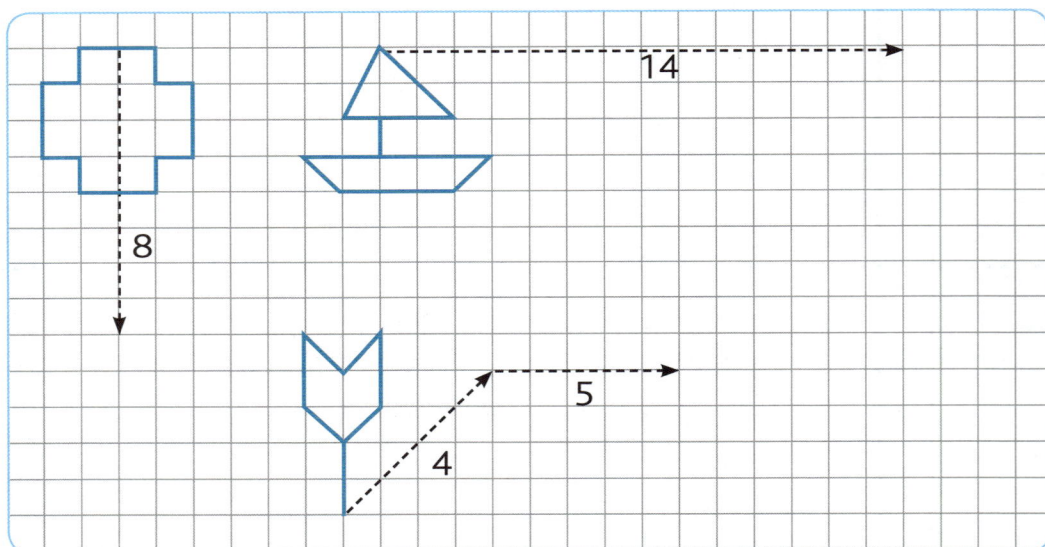

2 Eseguo le traslazioni indicate dai vettori e riproduco il pulcino.

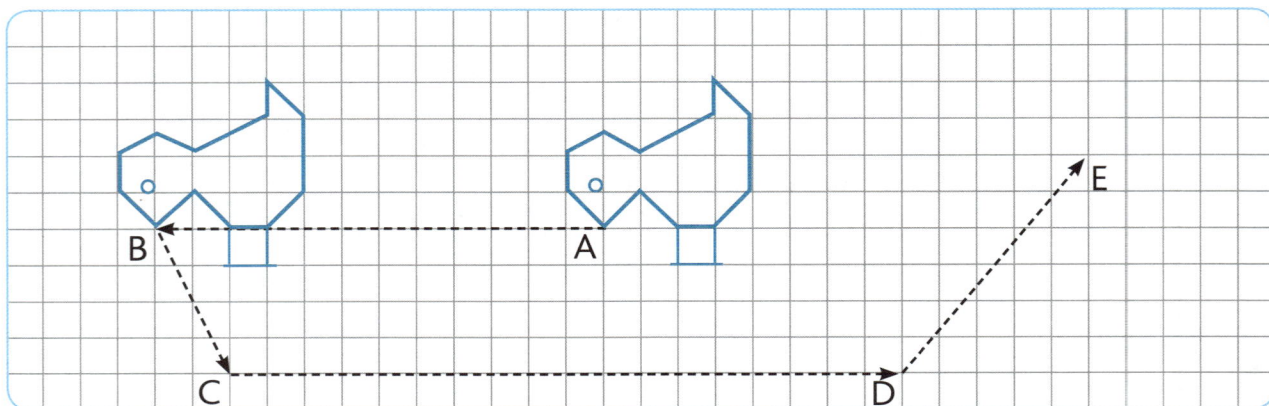

INGRANDIRE E RIMPICCIOLIRE

1 Osservo e poi eseguo ciò che dice la freccia.

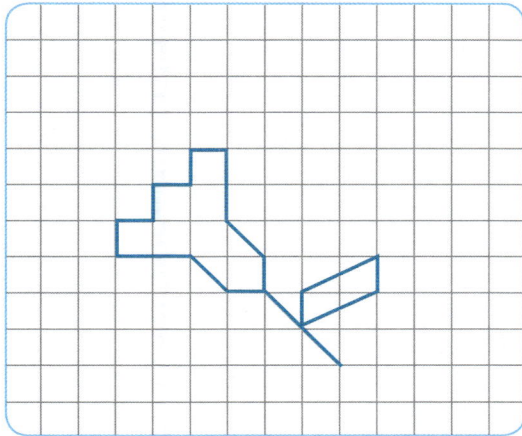

ingrandire
di due volte

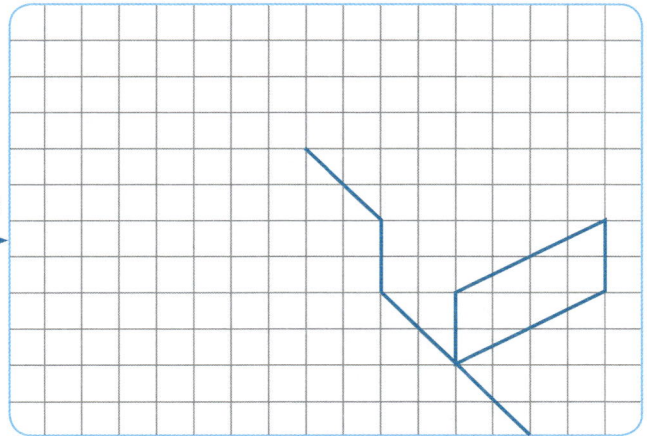

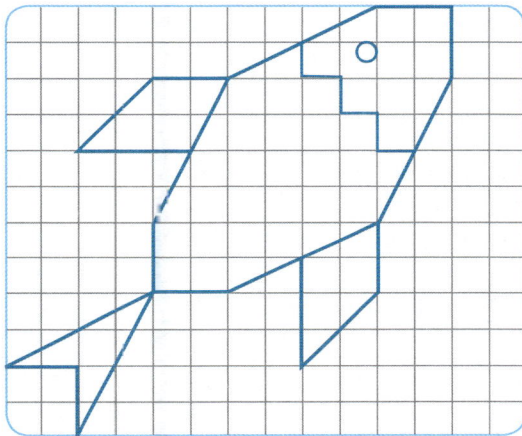

rimpicciolire
di due volte

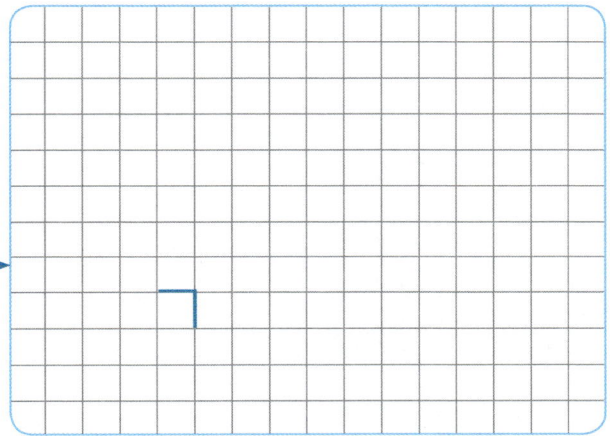

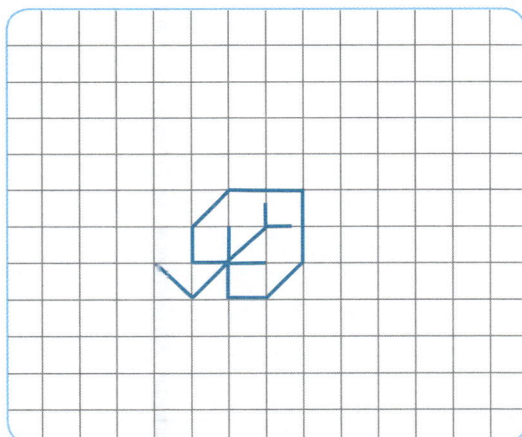

ingrandire
di tre volte

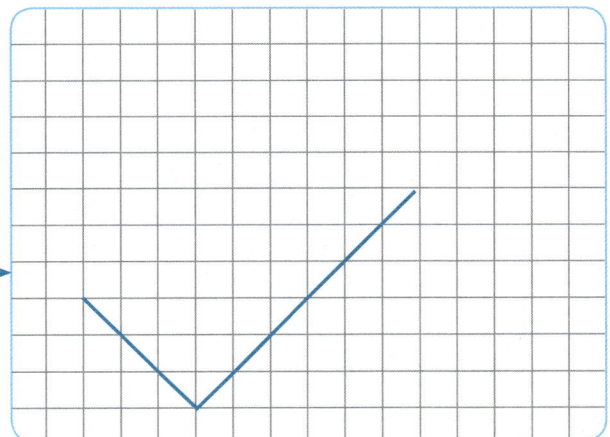

Una figura può essere ingrandita o rimpicicolita, cambiando, in proporzione, tutte le sue misure. Le figure che si ottengono sono **figure simili**: hanno la **stessa forma**, ma **diversa superificie**.

ADDIZIONI E SOTTRAZIONI

1 Eseguo le addizioni e le sottrazioni con la prova.

```
  2 3 5 +                +            3 7 8 +                +
  4 9 3 =                =            5 9 7 =                =
_____        _____        _____        _____


1 2 1 6 +                +          2 3 2 8 +                +
  6 4 5 =                =            5 9 9 =                =
_____        _____        _____        _____


1 6 5 8 +                +          2 5 4 6 +                +
1 9 3 4 =                =          3 7 8 5 =                =
_____        _____        _____        _____


  9 7 5 –                +            8 0 0 –                +
  4 3 2 =                =            5 1 8 =                =
_____        _____        _____        _____


2 7 3 1 –                +          4 0 0 0 –                +
  4 5 9 =                =            8 4 3 =                =
_____        _____        _____        _____
```

MOLTIPICAZIONI E DIVISIONI

1 Eseguo le moltiplicazioni e poi le divisioni con la prova.

```
  7 5 x        8 4 x        6 8 x        9 7 x
  2 8 =        3 7 =        4 5 =        6 3 =
_____     _____     _____     _____


_____     _____     _____     _____


2 5 3 x      3 1 6 x      6 0 4 x      5 2 7 x
  2 5 =        1 8 =        1 3 =        1 6 =
_____     _____     _____     _____




_____     _____     _____     _____
```

```
8 4 8 : 4 =         x          9 4 5 : 7 =         x

                    =                              =
                 _____                       _____



4 9 2 1 : 3 =       x          8 6 5 6 : 6 =       x

                    =                              =
                 _____                       _____

                    +                              +

                    =                              =
                 _____                       _____
```

EQUIVALENZE

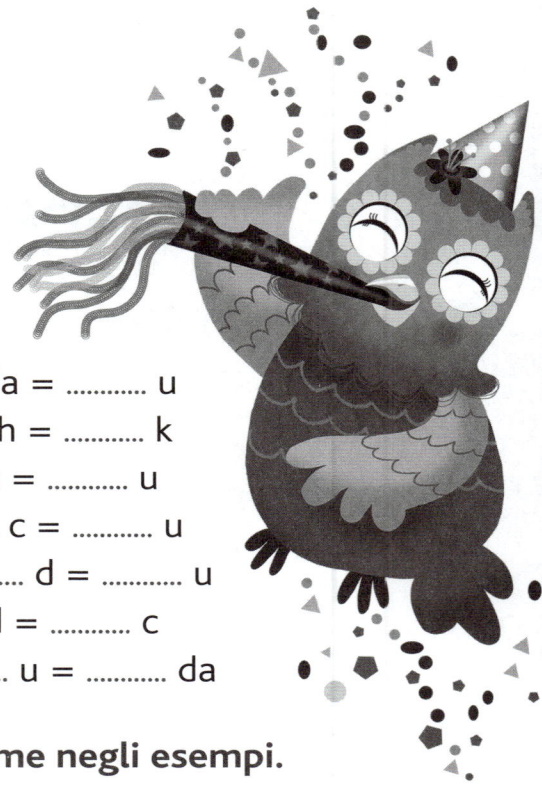

1 Eseguo le equivalenze, come negli esempi.

9 h = **90** da = **900** u

75 da = **7,5** h = **750** u

4 500 u = ... h = ... da

80 u = ... h = ...da

700 u = ... h = ... da

5 k = ... h = ... u

6 000 u = ... h = ... k

0,6 k = ... da = ... u

400 u = ... h = ... k

2,8 k = ... h = ... u

450 m = ... c = ... u

1 800 m = ... d = ... u

0,9 u = ... d = ... c

3 000 c = ... u = ... da

2 Compongo il numero, come negli esempi.

4 h + 2 u = **402**

3 k + 8 h + 4 u = ...

5 h + 2 da + 2 u = ...

5 k + 6 u = ...

7 h + 8 u = ...

2 k + 5 da = ...

3 k + 8 u = ...

2 u + 7 c = **2,07**

5 u + 8 m = ...

9 u + 3 d = ...

3 da + 3 d = ...

5 h+ 5 c = ...

7 u + 8 m = ...

4 k + 2 d = ...

3 Eseguo le equivalenze, come nell'esempio.

5 hm = **50** dam = **500** m

30 dam = ... m = ... hm

8 000 m = ... km = ... dam

17 dam = ... hm = ... m

2 000 m = ... hm = ... km

0,3 km = ... hm = ... dam

700 m = ... dam = ... hm

0,8 m = ... dm = ... cm

800 mm = ... dm = ... m

6,5 m = ... cm = ... mm

9 000 mm = ... dm = ... m

0,4 m = ... dm = ... mm

7,45 m = ... dm = ... cm

6 000 mm = ... dm = ... m

4 Compongo la misura, come negli esempi.

3 hm + 5 m = **305** m

3 km + 9 dam = ... m

3 hm + 7 m = ... m

5 km + 4 dam = ... m

2 hm + 8 dam = ... m

25 hm + 6 m = ... m

43 dam + 7 m = ... m

9 cm + 3 mm = **0,093** m

4 dm + 2 mm = ... m

7 dm + 6 cm = ... m

5 m + 9 dm = ... m

7 m + 6 mm = ... m

8 m + 5 cm = ... m

2 m + 74 mm = ... m

Data ....

EQUIVALENZE

1 Coloro nello stesso modo le misure che hanno uguale valore.

| 16 hg | 1,6 kg | 80 cg | 2,8 dag | 800 mg | 700 g |

| 0,8 g | 0,7 kg | 280 dg | 70 dag | 1600 g | 28 g |

2 Formo in vari modi le misure indicate.

1 kg
- 400 g + ... g
- 3 hg + ... hg
- 80 dag + ... dag

1 hg
- 40 g + ... g
- 0,5 hg + ... hg
- 6 dag + ... dag

1 g
- 20 cg + ... cg
- 7 dg + ... dg
- 500 mg + ... mg

1 Mg
- 800 kg + ... kg
- 0,9 Mg + ... Mg
- 400 kg + ... kg

3 Completo la tabella eseguendo le equivalenze necessarie.

hl	dal	l	dl	cl	ml
0,02					
		5,6			
					9 000
	4				
		3			
				500	
		18			

IL PERIMETRO DEI POLIGONI

1 Calcolo la misura del perimetro dei **poligoni regolari** (con tutti i lati e tutti gli angoli uguali), applicando le formule.

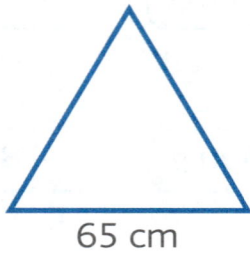

TRIANGOLO EQUILATERO
perimetro = **lato X 3**
$P = l \times 3$

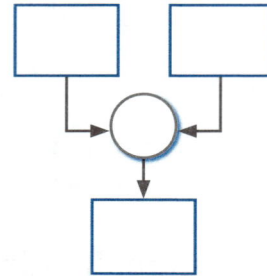

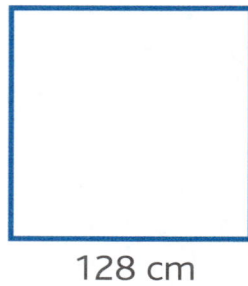

65 cm

QUADRATO
perimetro = **lato X 4**
$P = l \times 4$

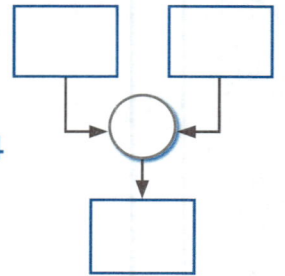

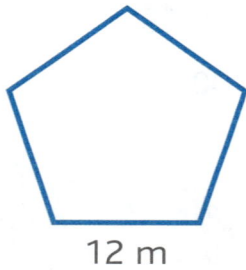

128 cm

PENTAGONO
perimetro = **lato X 5**
$P = l \times 5$

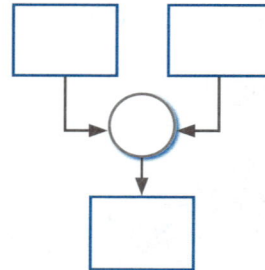

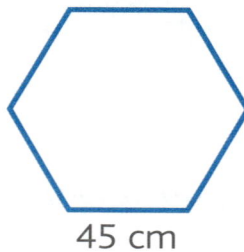

12 m

ESAGONO
perimetro = **lato X 6**
$P = l \times 6$

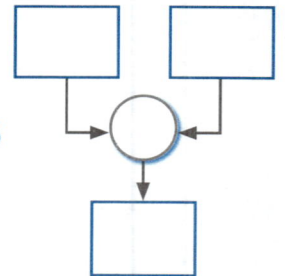

45 cm

2 Calcolo ora la misura del **perimetro del rettangolo**, applicando la formula.

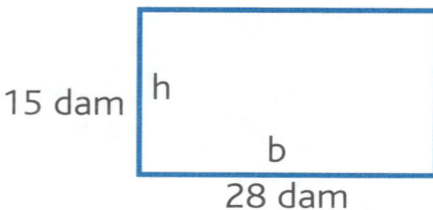

15 dam   h

b

28 dam

RETTANGOLO
perimetro = **(base + altezza) X 2**
$P = (b + h) \times 2$

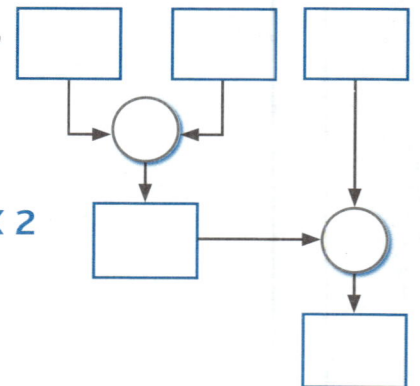

FIGURE CONGRUENTI, SIMILI, EQUIESTESE

1 Osservo e poi completo le frasi eliminando la parola sbagliata.

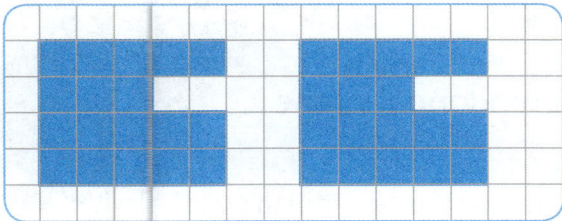

Le due figure (sono) (non sono)
perfettamente sovrapponibili.
Le figure con queste caratteristiche
si dicono **congruenti**.

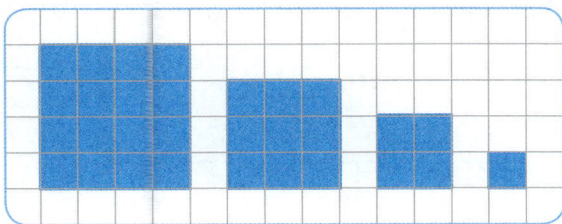

Tutte le figure (hanno) (non hanno)
la stessa forma (sono tutte dei quadrati).
Ognuna ha un'estensione (uguale) (diversa).
Le figure con queste caratteristiche
si dicono (congruenti) (simili).

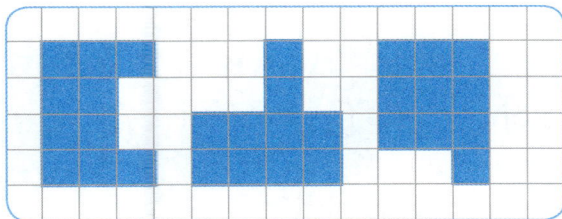

Le figure (hanno) (non hanno)
la stessa forma.
Le figure hanno una estensione
(uguale) (diversa).
Le figure con queste caratteristiche
si dicono (congruenti) (equiestese).

2 Coloro nello stesso modo le **figure simili**.

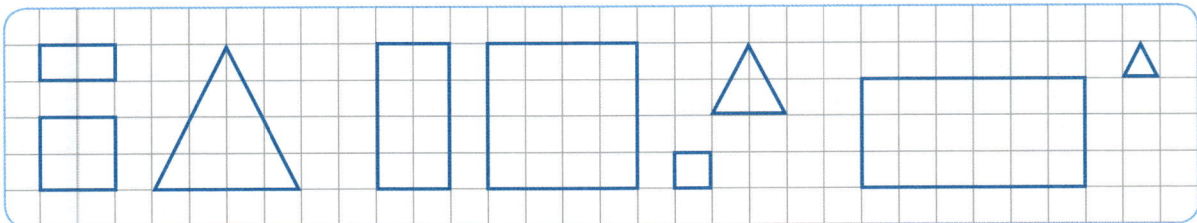

3 Coloro nello stesso modo le **figure congruenti**.

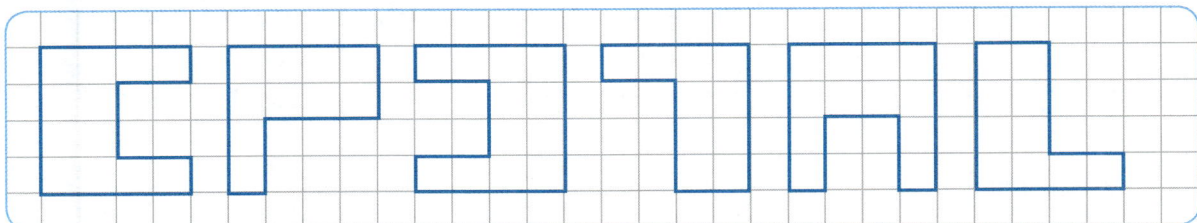

LE FRAZIONI

1 Completo.

- Si ottengono delle frazioni solo se l'intero viene diviso in parti ....

- Le frazioni che hanno come **numeratore 1** prendono il nome di .... frazionarie.

$$\frac{1}{8}$$

.... = indica il numero delle parti considerate

.... = indica la divisione

.... = indica il numero delle parti in cui viene diviso l'intero

2 Osservo le figure e segno con una ✗ il tipo di divisione.

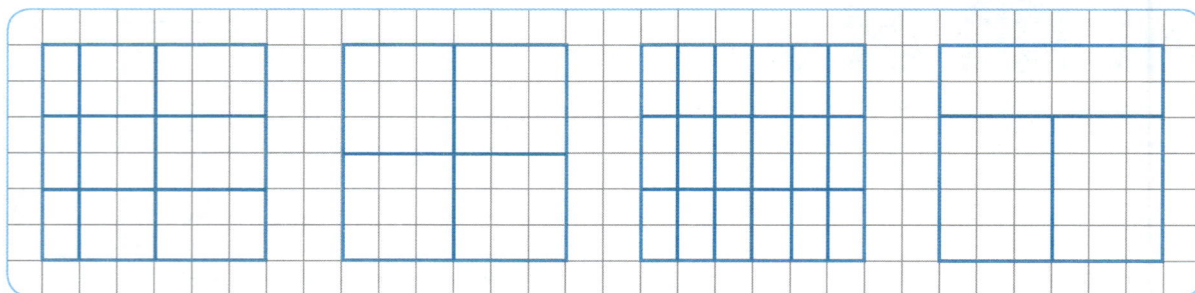

☐ parti   ☐ parti   ☐ parti   ☐ parti
☐ frazioni   ☐ frazioni   ☐ frazioni   ☐ frazioni

3 Coloro la parte di intero indicata dalla frazione, come nell'esempio.

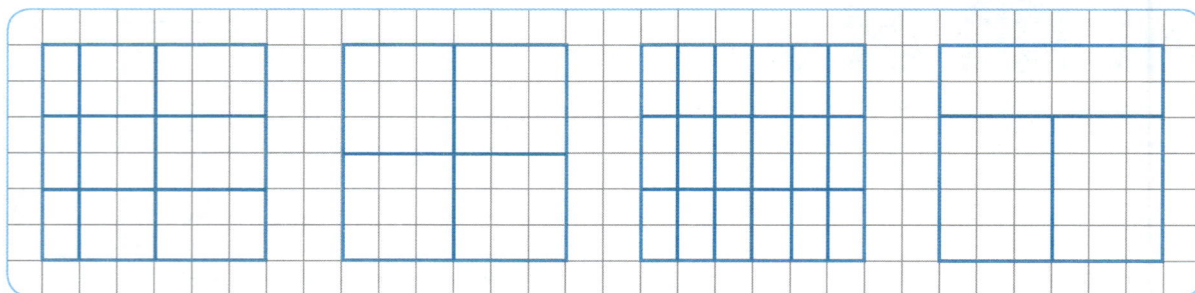

$$\frac{2}{6} \qquad \frac{11}{18} \qquad \frac{7}{12} \qquad \frac{19}{36}$$

4 Scrivo la frazione **complementare** di quella data, come nell'esempio.

$$\frac{2}{6} + \frac{1}{4} = \frac{4}{4} = 1 \qquad \frac{5}{9} + \frac{}{} = \frac{}{} = 1 \qquad \frac{7}{16} + \frac{}{} = \frac{}{} = 1$$

$$\frac{2}{7} + \frac{}{} = \frac{}{} = 1 \qquad \frac{1}{5} + \frac{}{} = \frac{}{} = 1 \qquad \frac{23}{30} + \frac{}{} = \frac{}{} = 1$$

FRAZIONI E NUMERI DECIMALI

1 Completo.

- Le frazioni che hanno come denominatore 10 o un multiplo di 10 (100, 1 000...) prendono il nome di ....

- Le frazioni decimali possono essere trasformate in un .... e viceversa.

2 Eseguo le trasformazioni, come negli esempi.

$$\frac{7}{10} = 0,7 \qquad \frac{1}{10} = \text{.............} \qquad \frac{3}{10} = \text{.............} \qquad \frac{9}{10} = \text{.............}$$

$$\frac{3}{100} = \text{.............} \qquad \frac{15}{100} = \text{.............} \qquad \frac{8}{100} = \text{.............} \qquad \frac{27}{100} = \text{.............}$$

$$\frac{9}{1000} = \text{.............} \qquad \frac{17}{1000} = \text{.............} \qquad \frac{45}{1000} = \text{.............} \qquad \frac{231}{1000} = \text{.............}$$

$$0,5 = \frac{5}{10} \qquad 0,1 = \text{——} \qquad 0,8 = \text{——} \qquad 0,4 = \text{——}$$

$$0,06 = \text{——} \qquad 0,23 = \text{——} \qquad 0,75 = \text{——} \qquad 0,35 = \text{——}$$

$$0,015 = \text{——} \qquad 0,372 = \text{——} \qquad 0,064 = \text{——} \qquad 0,003 = \text{——}$$

3 Inserisco nella tabella i numeri decimali, come nell'esempio.

735,48	4 800,005	0, 832	7 034,04
18,604	25,073	354,006	9 315,002

k	h	da	u	,	d	c	m
	7	3	5	,	4	8	

Data ....

MULTIPLI E DIVISORI

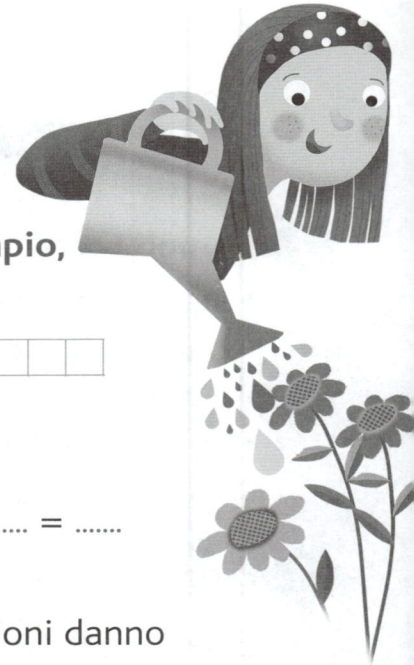

1 Scrivo tutte le moltiplicazioni possibili, come nell'esempio, poi completo.

.... x .... = ...

.... x .... = ...

.... x .... = ...

.... x .... = ...

1 x 12 = ...

.... x .... = ...

- Tutte le moltiplicazioni danno lo stesso ....
- Il numero 12 è **multiplo** di: 1, 2, 3, 4, 6
- 1, 2, 3, 4, 6 sono **divisori** del numero 12.

2 Completo le tabelle e le frasi.

I **multipli** di un numero sono i prodotti della moltiplicazione di quel numero.
I multipli di 2 sono:
2, 4, 6 ....
I multipli di 7 sono:
7, 14, ...
I **multipli** di un numero sono **infiniti**.

x	0	1	2	3	4	5	6	7	8	9	10
0	0	0	0	0							
1	0	1	2	3							
2	0	2	4								
3		3									
4											
5											
6											
7											
8											
9											
10											

:	0	1	2	3	4	5	6	7	8	9	10
0	0	0	0	0	0	0	0	0	0	0	0
1	x	1	x	x	x	x	x	x	x	x	x
2	x	2	1	x	x	x	x	x	x	x	x
3	x	3	x	1	x	x	x	x	x	x	x
4	x	4	2	x	1	x	x	x	x	x	x
5	x	5	x	x	x						
6	x	6			x	x					
7	x	7	x	x	x	x	x				
8	x	8		x		x	x	x			
9	x	9	x		x	x	x	x	x		
10	x	10		x	x		x	x	x	x	

Si chiamano **divisori** di un numero quelli che lo dividono esattamente, senza resto.
Ad esempio:
I divisori di 3 sono : 1 e 3.
I divisori di 4 sono : 1, ...
I divisori di 6 sono : 1, ...
I divisori di 9 sono : 1, ...

MULTIPLI E DIVISORI

1 Per ogni serie, coloro solo i **multipli**.

- Multipli di **2** | 4 | 7 | 9 | 10 | 12 | 16 | 25 | 30 | 35 | 50 |

- Multipli di **4** | 8 | 11 | 16 | 24 | 32 | 35 | 60 | 64 | 65 | 80 |

- Multipli di **5** | 10 | 13 | 25 | 31 | 40 | 70 | 72 | 100 | 200 | 250 |

- Multipli di **7** | 14 | 19 | 35 | 49 | 77 | 140 | 280 | 300 | 350 | 700 |

- Multipli di **10** | 20 | 39 | 40 | 70 | 85 | 120 | 170 | 201 | 300 | 800 |

2 Per ogni numero trovo almeno cinque **multipli**, come nell'esempio.

- Multipli di **2** | 4 | 6 | 8 | 20 | 40 |

- Multipli di **3** | | | | | |

- Multipli di **6** | | | | | |

- Multipli di **8** | | | | | |

- Multipli di **9** | | | | | |

- Multipli di **20** | | | | | |

3 Circondo in rosso i **multipi di 3**, in verde i **multipli di 6**. Infine completo.

3 • 6 • 9 • 12 • 15 • 18 • 21 • 24 • 27 • 30 • 33 • 36 • 39 • 42

I numeri .... sono
contemporaneamente multipli di 3 e di 6.

4 Per ogni numero, coloro solo i **divisori**.

32 | 32 | 16 | 10 | 8 | 5 | 4 | 2 | 1 |

50 | 50 | 25 | 20 | 15 | 10 | 5 | 3 | 2 | 1 |

36 | 36 | 18 | 16 | 9 | 8 | 6 | 4 | 3 | 2 | 1 |

LA PROBABILITÀ

1 Leggo, osservo il disegno,
poi segno con una **X**.

In questo cesto ci sono 9 tessere:
6 sono consonanti, 3 sono vocali.

- Pescando dal cesto una tessera posso pescare una consonante.
  ☐ A. Certo. ☐ B. Possibile. ☐ C. Impossibile.

- Pescando dal cesto una tessera posso pescare una vocale.
  ☐ A. Certo. ☐ B. Possibile. ☐ C. Impossibile.

- Pescando 4 tessere, almeno una sarà una consonante.
  ☐ A. Certo. ☐ B. Possibile. ☐ C. Impossibile.

- Pescando 7 tessere almeno 1 sarà una vocale.
  ☐ A. Certo. ☐ B. Possibile. ☐ C. Impossibile.

- Pescando 4 tessere posso formare la parola **sole**.
  ☐ A. Certo. ☐ B. Possibile. ☐ C. Impossibile.

- Pescando 4 tessere posso formare la parola **vaso**.
  ☐ A. Certo. ☐ B. Possibile. ☐ C. Impossibile.

- Pescando dal cesto non potrò mai pescare la vocale U.
  ☐ A. Certo. ☐ B. Possibile. ☐ C. Impossibile.

- Le probabilità di pescare una vocale sono:
  ☐ A. 3 su 9 ☐ B. 6 su 9 ☐ C. 5 su 9

2 Leggo la frase, poi, per ogni affermazione, segno
C (certo), **P** (possibile), **IM** (impossibile).

In una scatola ci sono 18 biglie colorate: 2 sono rosse,
10 sono verdi e 6 sono blu.

- Le biglie verdi sono più numerose. ☐ C ☐ P ☐ IM
- Posso pescare una biglia rosa. ☐ C ☐ P ☐ IM
- Posso pescare una biglia rossa. ☐ C ☐ P ☐ IM
- Pescando 9 biglie almeno 1 sarà verde. ☐ C ☐ P ☐ IM
- Pescando 13 biglie almeno 1 sarà blu. ☐ C ☐ P ☐ IM

Data ....

RAPPRESENTARE DATI

1 Completo le tabelle, le frasi e i grafici.

Durante i mesi dell'ultima stagione balneare,
a Mareblù si sono avute le seguenti giornate di sole:

tabella dei dati		tabella di frequenza	
mesi	**giornate di sole**	**mesi**	**giornate di sole**
maggio	xxxxxxxxxxxxxxx	maggio	15
giugno	xxxxxxxxxxxxxxxxxxxxxxxxx	giugno	
luglio	xxxxxxxxxxxxxxxxxxxxxxxx	luglio	
agosto	xxxxxxxxxxxxxxxxxxxxxx	agosto	
settembre	xxxxxxxxxxxxxxxxx	settembre	

- Nella stagione balneare le giornate di sole sono state (100)(105)(110).
- Il mese con la maggior frequenza di giornate di sole è (giugno)(luglio).
- Il dato con la frequenza più alta si chiama (media)(moda).

Grafico a colonne • 1 giornata di sole = ▬▬▬▬

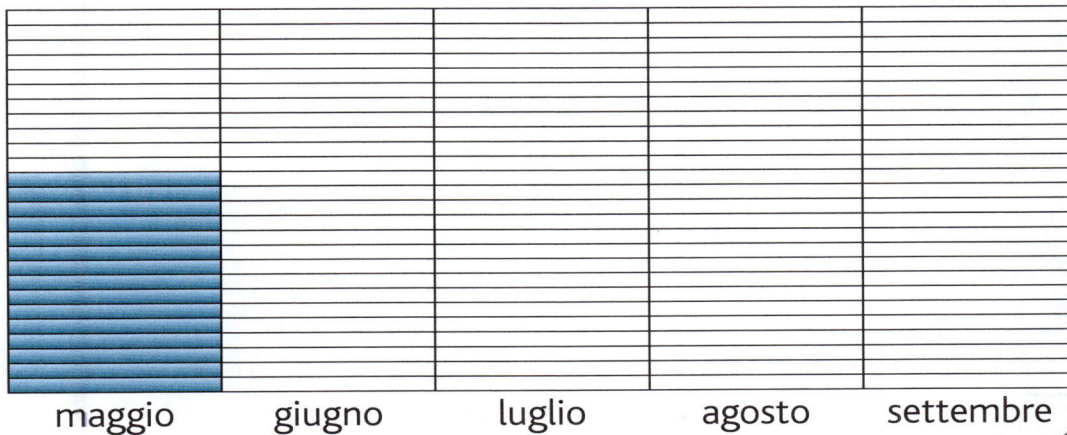

maggio	giugno	luglio	agosto	settembre

Ideogramma

1 giornata di sole = ✺

maggio	
giugno	✺✺✺✺✺✺✺✺✺✺✺✺✺✺✺✺✺✺✺✺✺✺✺✺✺
luglio	
agosto	
settembre	

LA DIVISIBILITÀ

1 Per ogni serie, cancello i numeri che **non sono divisibili** per il divisore dato, poi segno con una **✗** il **criterio di divisibilità** sempre valido.

: 2   10 • 11 • 16 • 18 • 19 • 20 • 22 • 25 • 34 • 40 • 80 • 91 • 100

☐ Sono divisibili per 2 tutti i numeri che terminano con 0, 2, 4, 6, 8.
☐ Sono divisibili per 2 tutti i numeri.

: 3   15 • 18 • 20 • 23 • 26 • 33 • 63 • 83 • 125 • 126 •
133 • 150 • 153

☐ Sono divisibili per 3 i numeri che finiscono per 3.
☐ Sono divisibili per 3 i numeri in cui la somma delle cifre forma un numero divisibile per 3.

: 4   36 • 74 • 92 • 96 • 103 • 112 • 120 • 132 • 140 • 150 • 160

☐ Sono divisibili per 4 i numeri con le ultime due cifre che formano un numero divisibile per 4.
☐ Sono divisibili per 4 tutti i numeri che terminano con una cifra pari.

: 5   10 • 11 • 31 • 35 v 40 • 75 • 82 • 100 • 109 •
110 • 145 • 195 • 200

☐ Sono divisibili per 5 tutti i numeri che terminano con 5 o con 0.
☐ Sono divisibili per 5 tutti i numeri dispari.

: 9   27 • 35 • 36 • 54 • 65 • 81 • 99 • 108 • 110 •
117 • 135 • 140 • 153

☐ Sono divisibili per 9 tutti i numeri dispari.
☐ Sono divisibili per 9 i numeri in cui la somma delle cifre forma una numero divisibile per 9.

: 10   20 • 29 • 30 • 40 • 65 • 70 • 100 • 110 • 140 •
175 • 210 • 280 • 287

☐ Sono divisibili per 10 i numeri in cui la somma delle cifre è 10.
☐ Sono divisibili per 10 tutti i numeri che terminano con 0.

GIOCARE CON I NUMERI

1 Completo le piramidi.

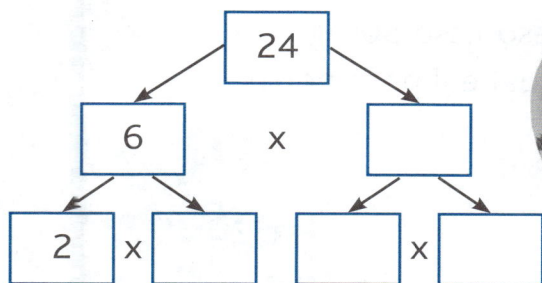

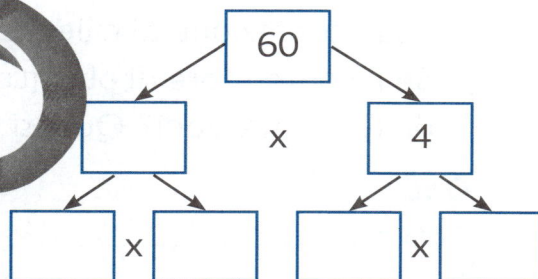

24 → 6 x [ ] → 2 x [ ] / [ ] x [ ]

60 → [ ] x 4 → [ ] x [ ] / [ ] x [ ]

2 Completo gli schemi.

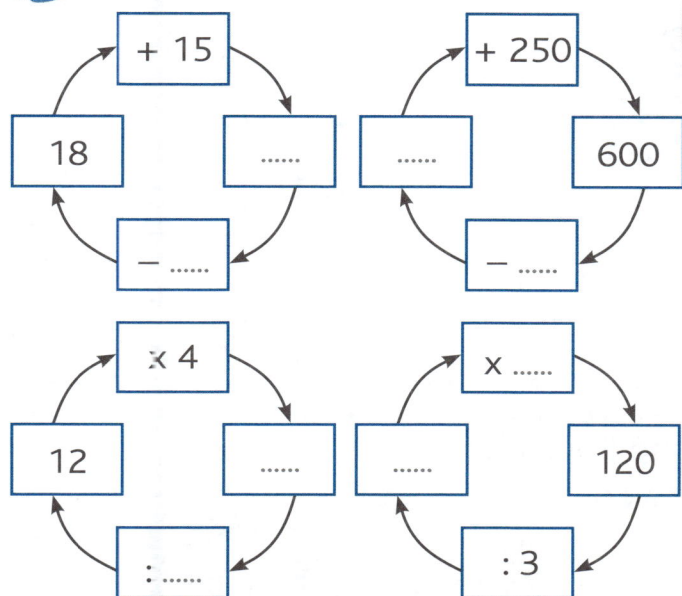

18 → +15 → [...] → −[...]

[...] → +250 → 600 → −[...]

12 → x4 → [...] → :[...]

[...] → x[...] → 120 → :3

3 Formo tutte le combinazioni possibili, come negli esempi.

	○	□	△
o		⊙	
✳		✳	
✕			

	♯	✕	✳
●			
■			
▲			✳

4 Completo i percorsi, eseguendo i calcoli indicati.

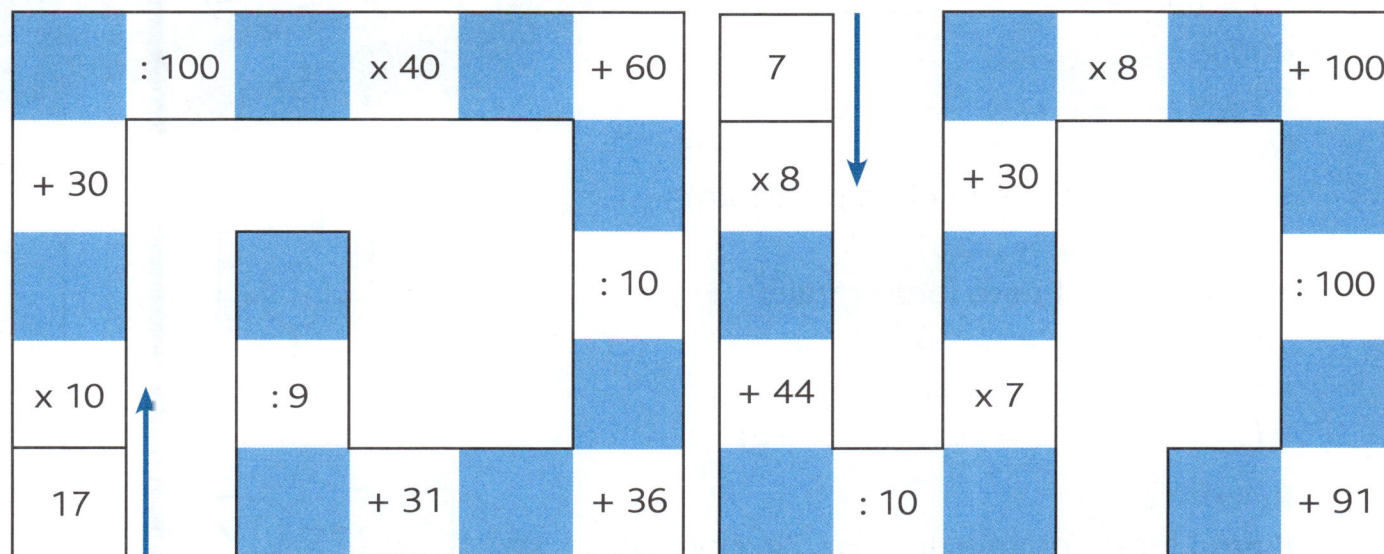

:100 x40 +60
+30   :10
x10 :9
17   +31 +36

7 x8 +100
x8 +30
  :100
+44 x7
:10 +91

PROBLEMI

1 ▶ **Risolvo i problemi.**

a. Sulla confezione di ciliegie c'è scritto: peso fisso 500 g.
   Se il contenitore di plastica pesa 20 g, qual è il peso netto
   di 100 confezioni? Quanti kg?

Dati
500 g = ...
20 g = ...
100 = numero ....
La **domanda nascosta** è:
● Qual è il peso netto di una confezione?
  (.......... .... = ...)
● Calcolo ora il peso netto totale:
  (.......... .... = ...)
● Eseguo l'equivalenza:
  (...................... g = ... kg)

Rispondo
Il peso netto totale è di .... g, cioè .... kg.

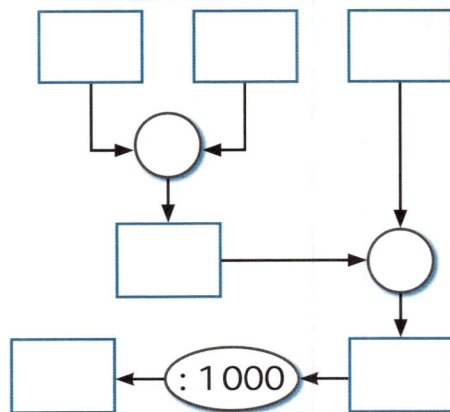

b. Sullo scaffale del supermercato ci sono 20 barattoli,
   ognuno dei quali contiene 400 g di pelati.
   Se il barattolo vuoto pesa 55 g,
   qual è il peso lordo totale? Quanti kg?

Dati
20 = numero ....
400 g = ...
55 g = ...
La **domanda nascosta** è:
● Qual è il peso lordo di un barattolo?
  (.......... .... = ...)
● Calcolo ora il peso lordo totale:
  (.......... .... = ...)
● Eseguo l'equivalenza:
  (...................... g = ... kg)

Rispondo
Il peso lordo totale è di .... g, cioè .... kg.

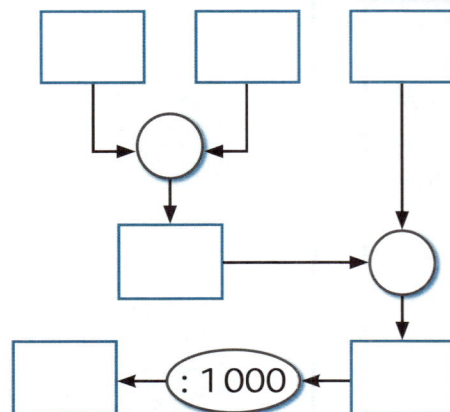

PROBLEMI

1 **Risolvo i problemi.**

a. In magazzino c'erano 8000 lampade LED e ora ce ne sono 1600.
Con quelle prelevate si sono confezionate scatole da 8.
Quante scatole di lampadine si sono confezionate?

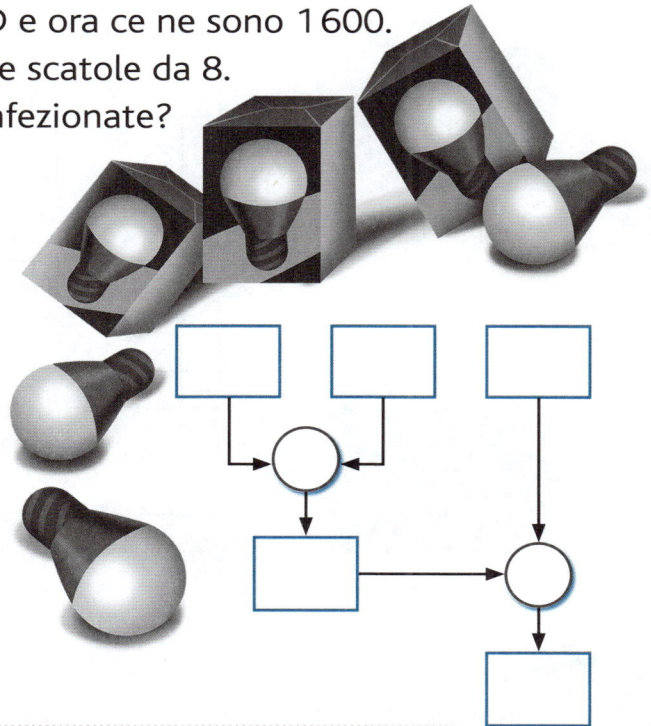

Dati

8000 = numero ....

1600 = numero ....

8 = numero ....

La **domanda nascosta** è:

● Quante ....

....?

(.......... .... = ...)

● Calcolo ....:

(.......... .... = ...)

Rispondo

Si sono confezionate ....

· ·

b. Il papà di Filippo ha acquistato uno "scooterone" di occasione
che costava 8250 euro, risparmiando 1050 euro.
Se paga l'importo dovuto in 6 rate, quanto
dovrà versare per ogni rata?

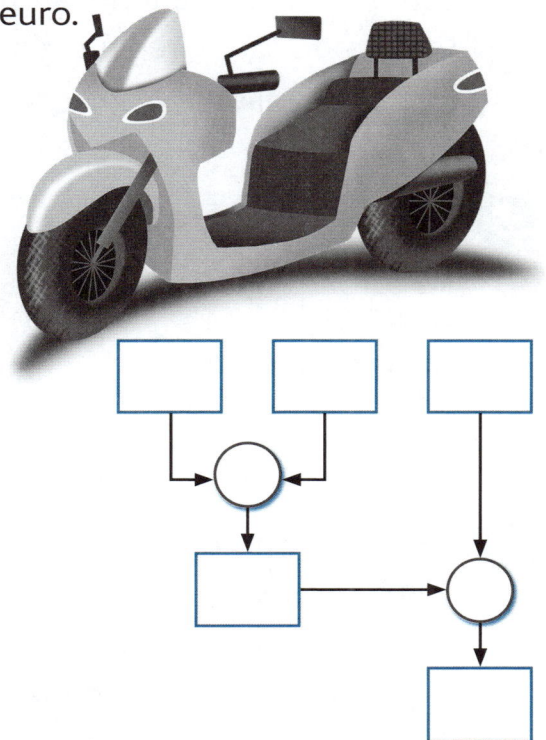

Dati

8250 = numero ....

1050 = numero ....

6 = numero ....

La **domanda nascosta** è:

● Qual è il ....

....?

(.......... .... = ...)

● Calcolo ora ....

....:

(.......... .... = ...)

Rispondo

Il papà dovrà ....

GIOCARE CON LE FORME

1 Coloro i due pezzi che, riuniti, formano la figura di partenza.

A   B   C   D

E   F   G   H

I   L   M   N

2 Aiuto il pirata Barbanera.

Il pirata Barbanera vuole raggiungere l'isola del tesoro.
Il fossato è largo 3 metri e Barbanera dispone solo di due tavole lunghe ognuna 290 cm.
Come può fare a raggiungere l'isola?

▬▬ tavole

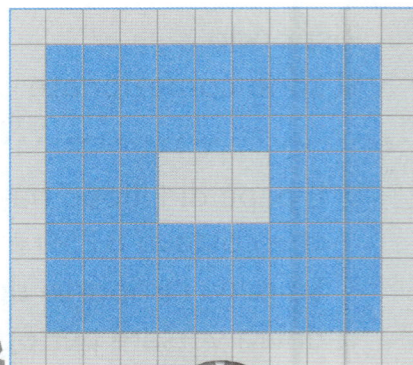

3 Provo a ottenere due quadrati spostando tre fiammiferi.

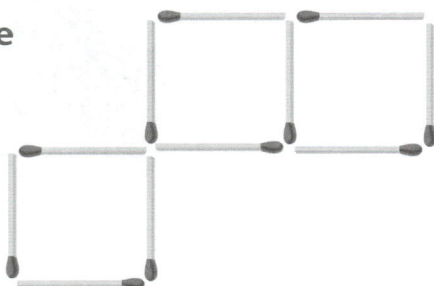

4 Quante sono le facce visibili di questi dadi? Segno con una **X**.

☐ 6 facce x 6 dadi = 36 facce
☐ 6 facce x 6 dadi − 6 facce in contatto = 30 facce
☐ 6 facce x 6 dadi − 12 facce in contatto = 24 facce

LINEE E ANGOLI

1 Per ogni casella, disegno la linea richiesta, come nell'esempio.

linea	aperta	chiusa	intrecciata aperta	intrecciata chiusa
curva				
spezzata				
mista				

2 Completo con le parole date.

semirette • parallele • verticale • incidenti • segmento • obliqua • retta • perpendicolari • origine

- Una linea che mantiene sempre la stessa direzione è una linea ....
- Una linea retta può essere: orizzontale, ..., ...
- Un punto su una retta crea due .... Questo punto prende il nome di .... delle semirette.
- Due punti su una retta danno origine a un ....
- Due rette, che mantengono sempre la stessa distanza e non si incontrano mai, si dicono ....
- Due rette che si incontrano si dicono ....
- Se dividono il piano in quattro parti uguali, sono ....

3 Scrivo il nome di ogni angolo.

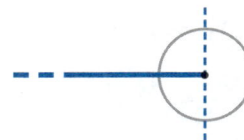

angolo ....

angolo ....

angolo ....

angolo ....   angolo ....

STRATEGIE DI CALCOLO

1 Osservo gli esempi e completo le sequenze.

23 + 9 = 23 + 10 – 1 = 32	23 + 11 = 23 + 10 + 1 = 34

| + 9 | 24 | .... | .... | .... | 60 | .... | .... | .... | .... | 105 |

| + 11 | 128 | .... | .... | 161 | .... | .... | .... | 205 |

35 – 9 = 35 – 10 + 1 = 26	35 – 11 = 35 – 10 – 1 = 24

| – 9 | 343 | .... | 316 | .... | .... | .... | 280 |

| – 11 | 380 | .... | .... | 347 | .... | .... | .... | 303 |

2 Osservo gli esempi ed eseguo i calcoli.

15 x 9 = 15 x 10 – 15 = 135	15 x 11 = 15 x 10 + 15 = 165

13 x 9 = 117	30 x 9 = ...	11 x 11 = 121	20 x 11 = ...
16 x 9 = ...	35 x 9 = ...	12 x 11 = ...	25 x 11 = ...
18 x 9 = ...	40 x 9 = ...	15 x 11 = ...	30 x 11 = ...
29 x 9 = ...	50 x 9 = ...	17 x 11 = ...	40 x 11 = ...
25 x 9 = ...	60 x 9 = ...	18 x 11 = ...	80 x 11 = ...

3 Osservo gli esempi ed eseguo i calcoli.

120 x 5 = 120 x 10 : 2 = 600	120 x 20 = 120 x 10 x 2 = 2 400

20 x 5 = ...	130 x 5 = ...	15 x 20 = ...	100 x 20 = ...
25 x 5 = ...	140 x 5 = ...	18 x 20 = ...	120 x 20 = ...
30 x 5 = ...	180 x 5 = ...	20 x 20 = ...	140 x 20 = ...
40 x 5 = ...	200 x 5 = ...	25 x 20 = ...	180 x 20 = ...
60 x 5 = ...	500 x 5 = ...	30 x 20 = ...	200 x 20 = ...

STRATEGIE DI CALCOLO

1 Osservo gli esempi ed eseguo i calcoli.

$$120 : 5 = 120 : 10 \times 2 = 24 \qquad 120 : 20 = 120 : 10 : 2 = 6$$

140 : 5 = ...	250 : 5 = ...	240 : 20 = ...	800 : 20 = ...
220 : 5 = ...	130 : 5 = ...	320 : 20 = ...	900 : 20 = ...
190 : 5 = ...	520 : 5 = ...	400 : 20 = ...	940 : 20 = ...
340 : 5 = ...	380 : 5 = ...	660 : 20 = ...	1 000 : 20 = ...
420 : 5 = ...	1 500 : 5 = ...	720 : 20 = ...	1 600 : 20 = ...

2 Per ogni sequenza, scopro l'operatore e scrivo il numero mancante.

43 52 ......   51 62 ......   99 88 ......   73 84 ......   15 60

20 500   100 400   2 000 ...... 8 000

3 Completo le tabelle, eseguendo i calcoli indicati.

− 9	numero	+ 9
	99	
	148	
	215	
	293	
	496	

− 11	numero	+ 11
	150	
	177	
	189	
	251	
	396	

: 5	numero	x 5
	80	
	110	
	150	
	180	
	400	

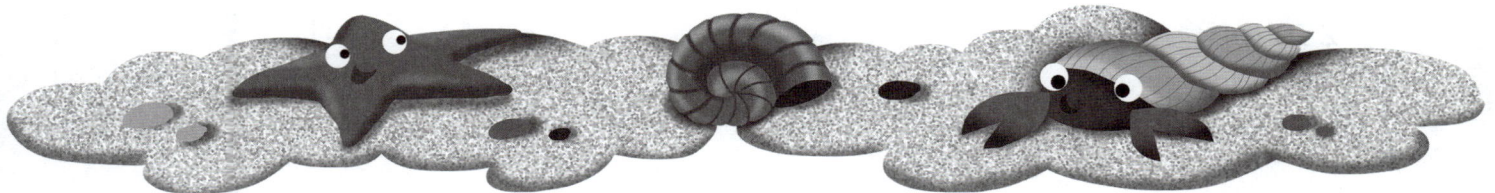

: 10	numero	x 10
	130	
	180	
	250	
	900	
	980	

: 20	numero	x 20
	160	
	200	
	240	
	320	
	440	

x 9	numero	x 11
	14	
	16	
	20	
	30	
	50	

Numeri

PROBLEMI

1 **Risolvo i problemi.**

a. Per riempire una vasca si aprono contemporaneamente
due rubinetti, uno che versa 380 l e l'altro 220 l ogni ora.
Quanti ettolitri di acqua avranno versato dopo 12 ore?

Dati

380 l = ...

220 l = ...

12 = numero ....

La **domanda nascosta** è:

Quanti litri ....

.... ?

(.......... .... = ...)

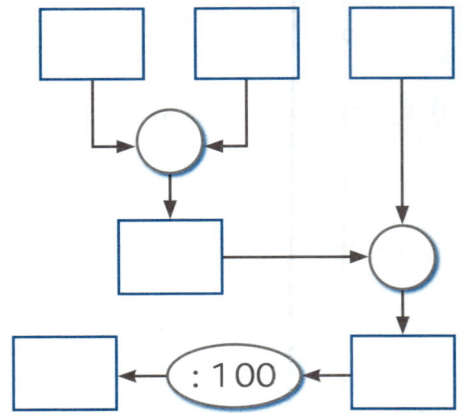

● Calcolo ora ....

.... :

(.......... .... = ...)

● Eseguo l'equivalenza: (.................... l = ... hl)

Rispondo

In 12 ore ....

b. Per andare a scuola Marco percorre due tratti
i pista ciclabile: uno di 750 m e l'altro di 250 m.
Quanti km di pista ciclabile percorre Marco in 8 volte?

Dati

750 m = ...

250 m = ...

8 = numero ....

La **domanda nascosta** è:

Quanti ....

.... ?

(.......... .... = ...)

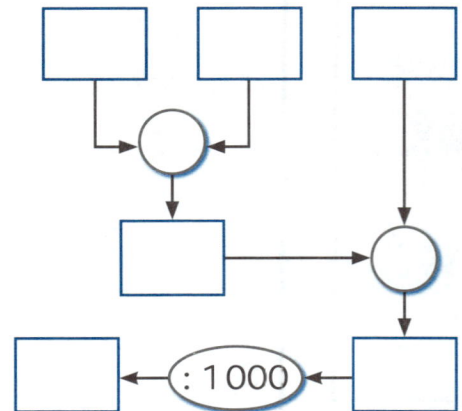

● Calcolo ora ....

.... :

(.......... .... = ...)

● Eseguo l'equivalenza: (.................... m = ... km)

Rispondo

Marco ....

PROBLEMI

1 Risolvo i problemi.

a. Con i 2,25 hl di vino contenuti in una botte si riempiono 9 damigiane.
Quanto costa ogni damigiana, se si paga il vino 4 euro il litro?

Dati

2,25 hl = ...

9 = numero ....

€ 4 = ...

● Eseguo l'equivalenza

(...................... l = ... hl)

La **domanda nascosta** è:

Quanti litri ....

.... ?

(............ .... = ...)

● Calcolo ora ....

.... :

(............ .... = ...)

Rispondo: Ogni damigiana ....

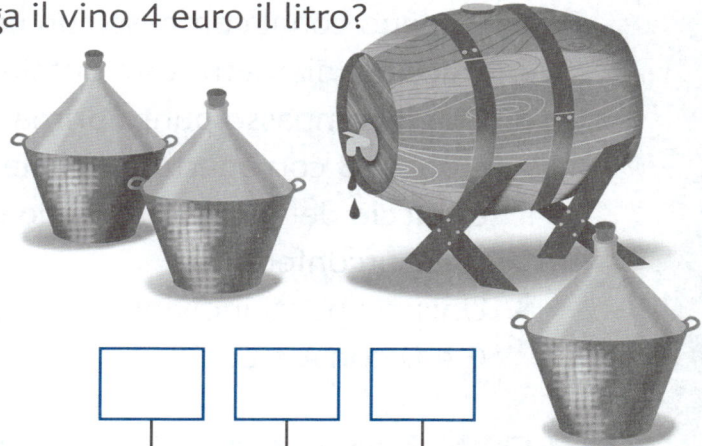

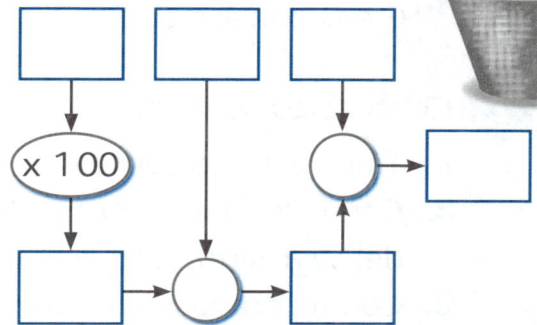

$\times 100$

b. L'apicoltore ha raccolto nelle sue arnie 7,2 kg di miele
con i quali confeziona vasetti da 9 hg l'uno.
Quanto ricava l'apicoltore se vende ogni vasetto a 12 euro?

Dati

72 kg = ...

9 hg = numero ....

€ 12 = ...

● Eseguo l'equivalenza

(...................... kg = ... g)

La **domanda nascosta** è:

Quanti ....

.... ?

(............ .... = ...)

● Calcolo ora ....

.... :

(............ .... = ...)

Rispondo: L'apicoltore ....

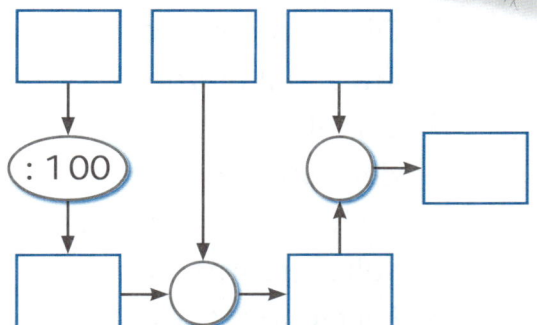

$: 100$

COSTRUIRE
FIGURE GEOMETRICHE REGOLARI

1 **Costruisco un quadrato, seguendo le istruzioni.**

1. Disegno con il compasso un cerchio.
2. Traccio il diametro orizzontale AB.
3. Con il compasso punto prima in A
   e poi in B con apertura uguale al diametro
   e traccio dei piccoli archi che si incrociano
   sulla circonferenza.
4. Unisco i punti individuati sulla circonferenza
   C e D con A e con B.

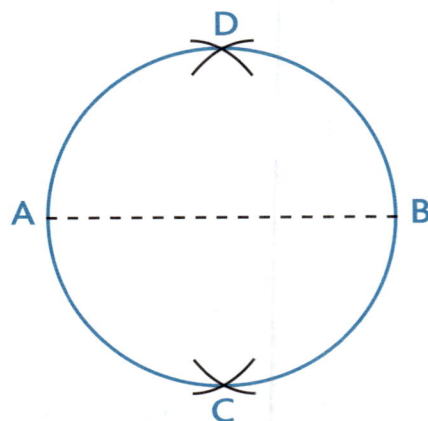

2 **Costruisco un triangolo equilatero, seguendo le istruzioni.**

1. Traccio il segmento AB.
2. Con il compasso punto prima in A con apertura uguale alla lunghezza
   del segmento e traccio un piccolo arco in alto.
3. Con il compasso punto ora in B
   con la stessa apertura e traccio un piccolo arco
   incrociando il precedente.
4. Unisco il punto individuato C con A e con B.

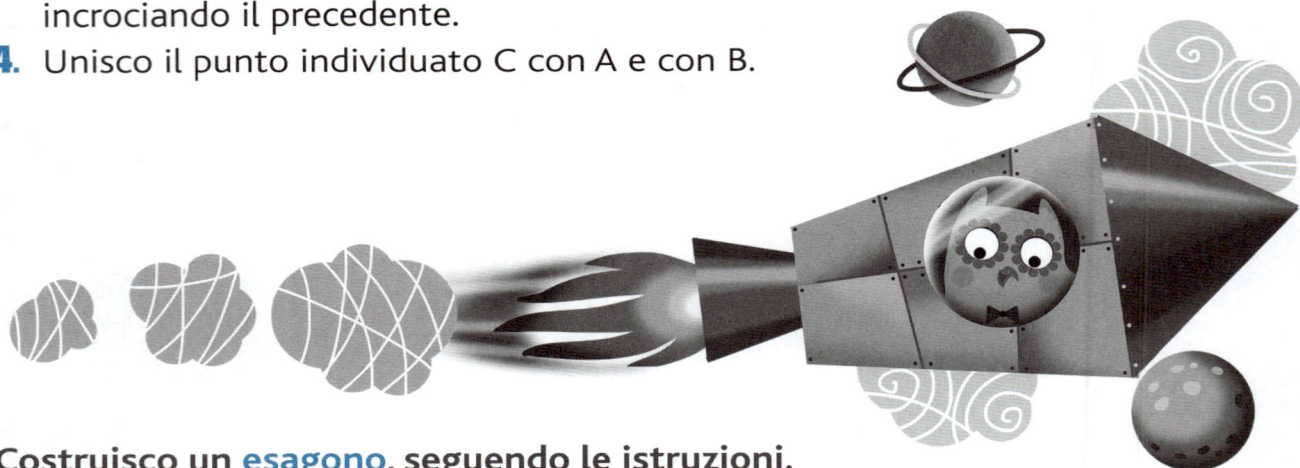

3 **Costruisco un esagono, seguendo le istruzioni.**

1. Disegno con il compasso un cerchio.(fatto)
2. Traccio il diametro orizzontale AB.(fatto)
3. Con il compasso, mantenendo l'apertura
   del raggio, punto in A e traccio due piccoli
   archi, uno in alto e uno in basso,
   sulla circonferenza.
4. Faccio la stessa cosa puntando il compasso in B.
5. Unisco ora tutti i punti individuati sulla circonferenza.

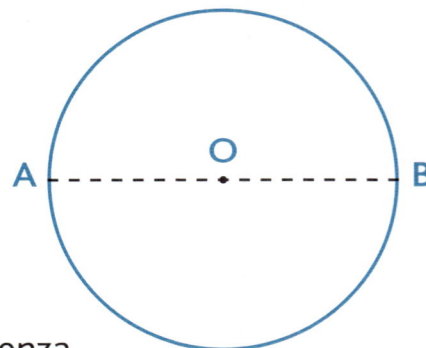

GIOCARE CON LE FORME

1 Apro il compasso di 4 quadretti e traccio un cerchio per ogni punto.
Coloro nello stesso modo le forme identiche.

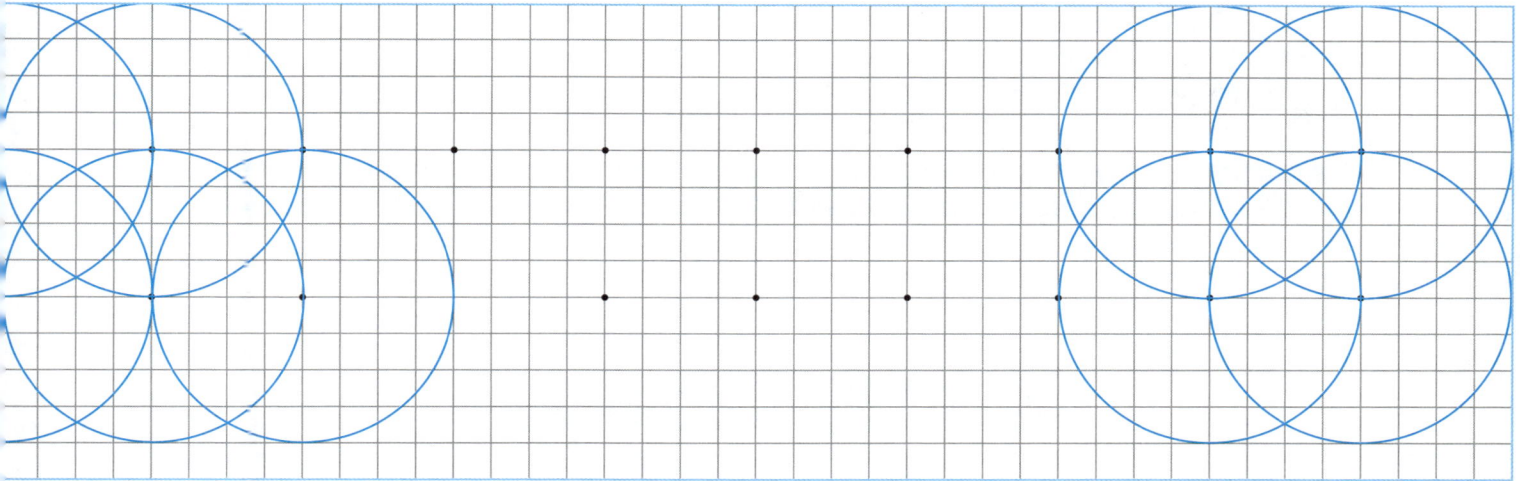

2 Apro il compasso prima di 4 e poi di 6 quadretti. Infine coloro i cerchi
olimpici.

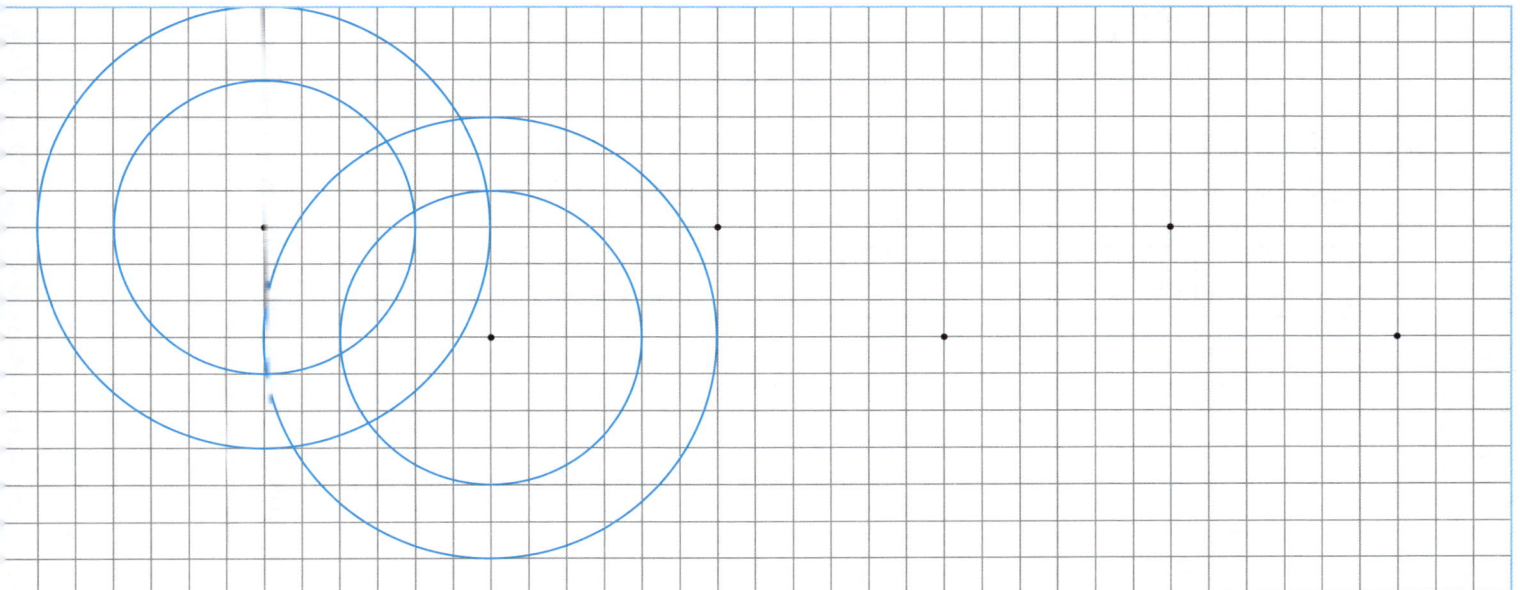

Verificare le competenze

1 Marco raggruppa le sue biglie per 5. Qual è la registrazione esatta?

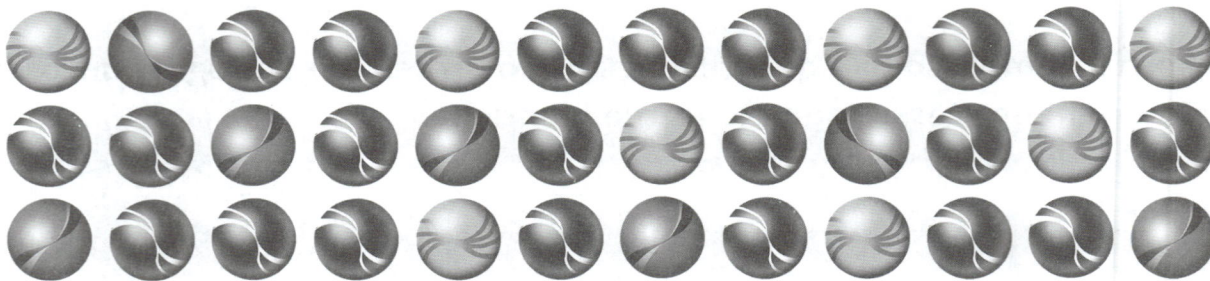

venticinquine	cinquine	unità
	7	1

☐ A.

venticinquine	cinquine	unità
1	4	4

☐ B.

venticinquine	cinquine	unità
1	2	1

☐ C.

2 Il papà di Luca vuole comprare un computer che costa millecinquanta euro. Quale cartellino mostra il prezzo giusto?

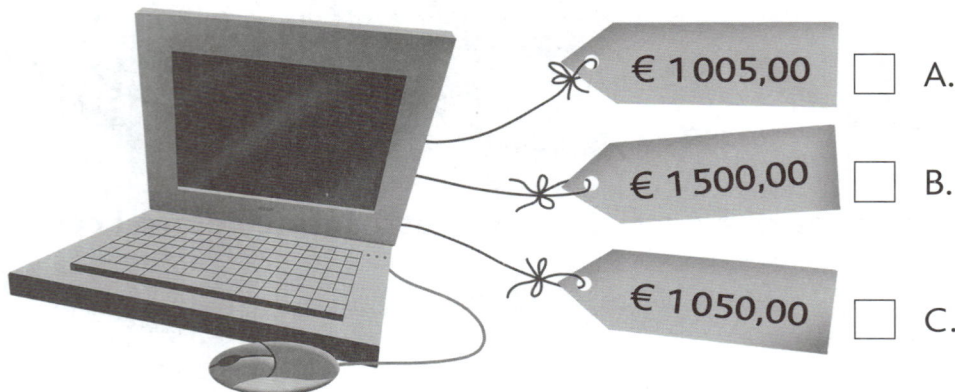

€ 1 005,00 ☐ A.

€ 1 500,00 ☐ B.

€ 1 050,00 ☐ C.

3 Il papà di Luca ottiene uno sconto di 125 euro.
Quale diagramma permette di sapere quanto spende per il computer?

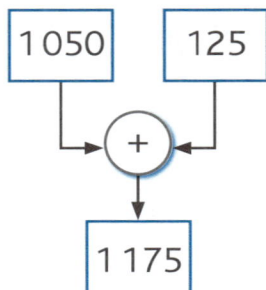

☐ A.

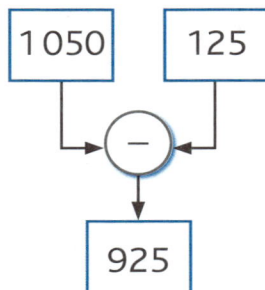

☐ B.

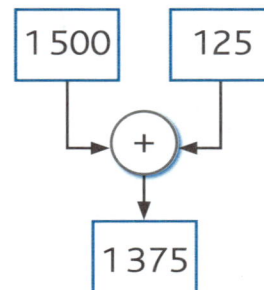

☐ C.

Prova finale con metodologia INVALSI   Data ....

4 Completa con i numeri mancanti.

precedente	numero	successivo
	40	
	99	
	200	
	401	

precedente	numero	successivo
	499	
	999	
	2 000	
	8 299	

5 Completa la figura B rendendola uguale alla figura A.

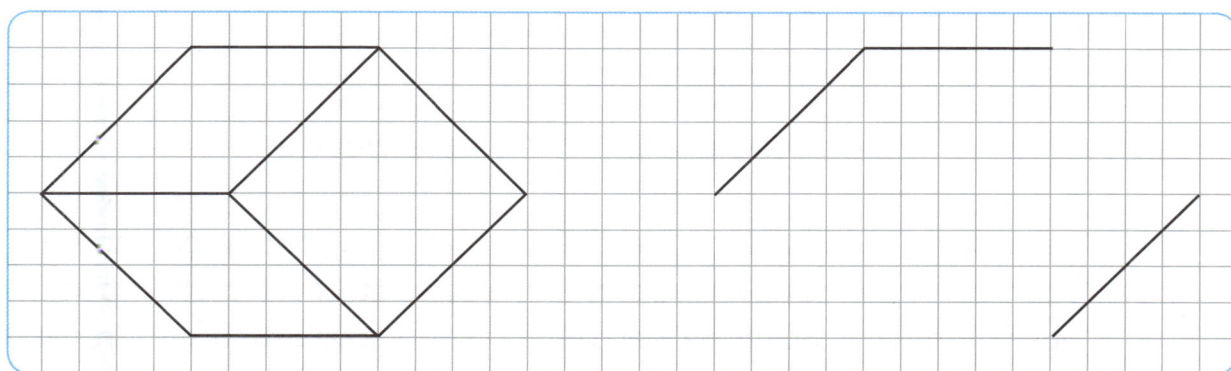

figura A   figura B

6 Questo è il grafico del tempo meteorologico nel mese di dicembre.
Disegna tu la colonna dei giorni di neve, poi rispondi.

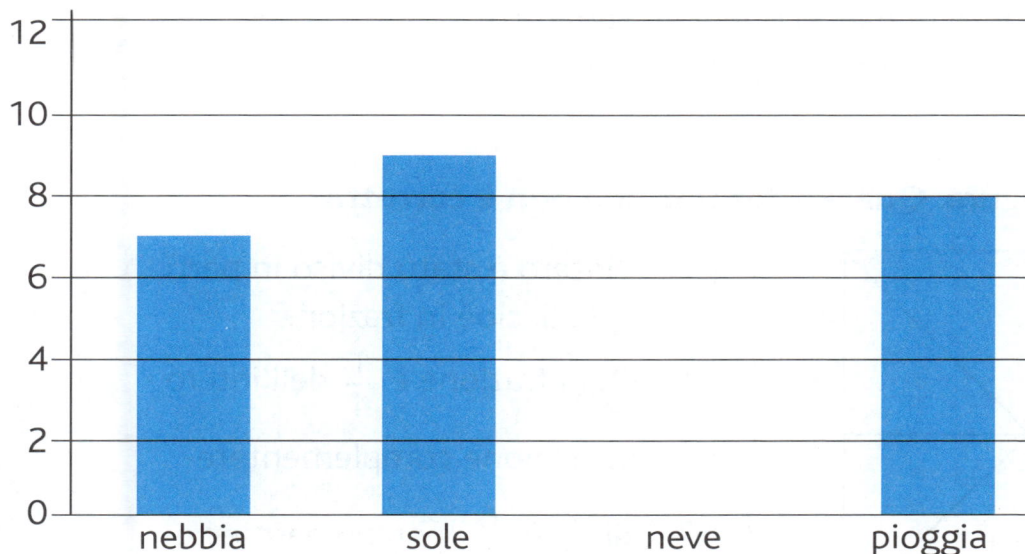

- Quanti sono stati i giorni di neve? ....
- Qual è stata la "moda"? ....

Verificare le competenze

7 Quale operazione **non** è eseguita correttamente?

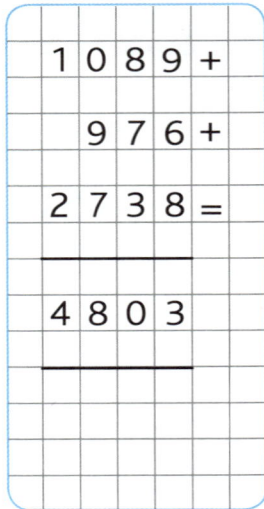

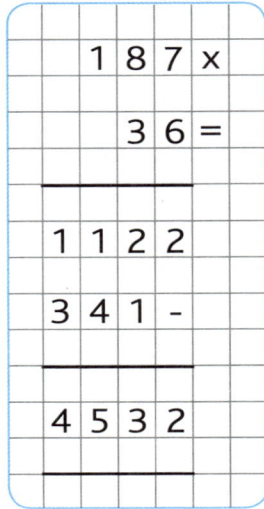

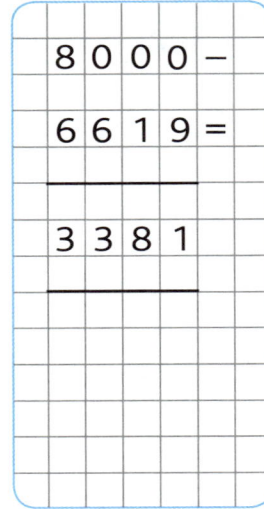

operazione 1   operazione 2   operazione 3

- ☐ A. L'operazione 1: è sbagliata, perché i numeri non sono in colonna.
- ☐ B. L'operazione 2: è sbagliata, perché non sono stati calcolati i riporti.
- ☐ C. L'operazione 3: è sbagliata, perché non sono stati eseguiti i "prestiti".

8 Osserva le rette.

Quale affermazione **non** è corretta?

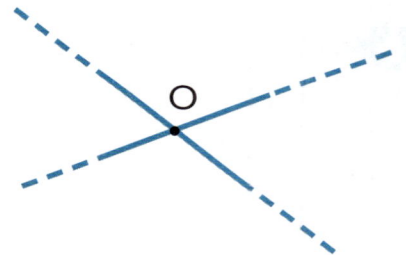

- ☐ A. Le rette sono incidenti.
- ☐ B. Dal punto O hanno origine 4 semirette.
- ☐ C. Le due rette sono perpendicolari.

9 Osseva la figura. Quale affermazione **non** è corretta?

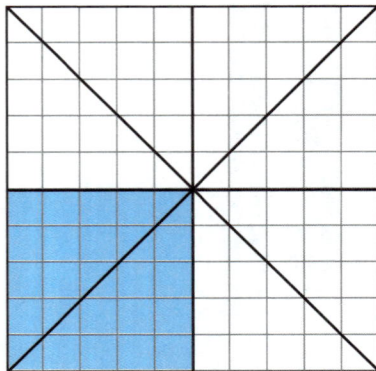

- ☐ A. L'intero è stato diviso in parti uguali, cioè in frazioni.
- ☐ B. Ogni frazione è $\frac{1}{4}$ dell'intero.
- ☐ C. La frazione complementare di $\frac{2}{8}$ è $\frac{6}{8}$, perché permette di riottenere l'intero.

10 Quali numeri completano questa sequenza?

[.........] [10,5] [11,1] [11,7] [.........]

- ☐ A. 9,8 e 12,4 perché l'operatore è + 0,7
- ☐ B. 9,9 e 12,3 perché l'operatore è + 0,6
- ☐ C. 10 e 12,2 perché l'operatore è + 0,5

11 Osserva il disegno. Quale affermazione è corretta?

- ☐ A. Pescando una tessera è certo che esca una vocale.
- ☐ B. Pescando 6 tessere è certo che esca almeno una vocale.
- ☐ C. Pescando 3 tessere è certo che esca una consonante.

12 Indica se ogni equivalenza è vera (V) o falsa (F).

a) 0,5 m = 50 cm	V F	g) 2,5 hg = 25 g	V F
b) 0,2 km = 200 m	V F	h) 3 000 mg = 30 g	V F
c) 8 000 mm = 0,8 m	V F	i) 70 l = 0,7 hl	V F
d) 640 m = 6,4 hm	V F	l) 36 l = 3,6 dal	V F
e) 800 g = 0,8 kg	V F	m) 9 000 cl = 9 l	V F
f) 1 200 cg = 12 g	V F	n) 350 l = 3,5 hl	V F

13 Quale delle tre colombe è simmetrica a quella data?

☐ A.   ☐ B.   ☐ C.

Verificare le competenze

14 Su una mountain bike, che costava € 1 320,00, il signor Piero ottiene uno sconto di € 360,00, perché è di fine serie.
Paga in 6 rate.
Quale diagramma permette di sapere quanto paga ogni rata?

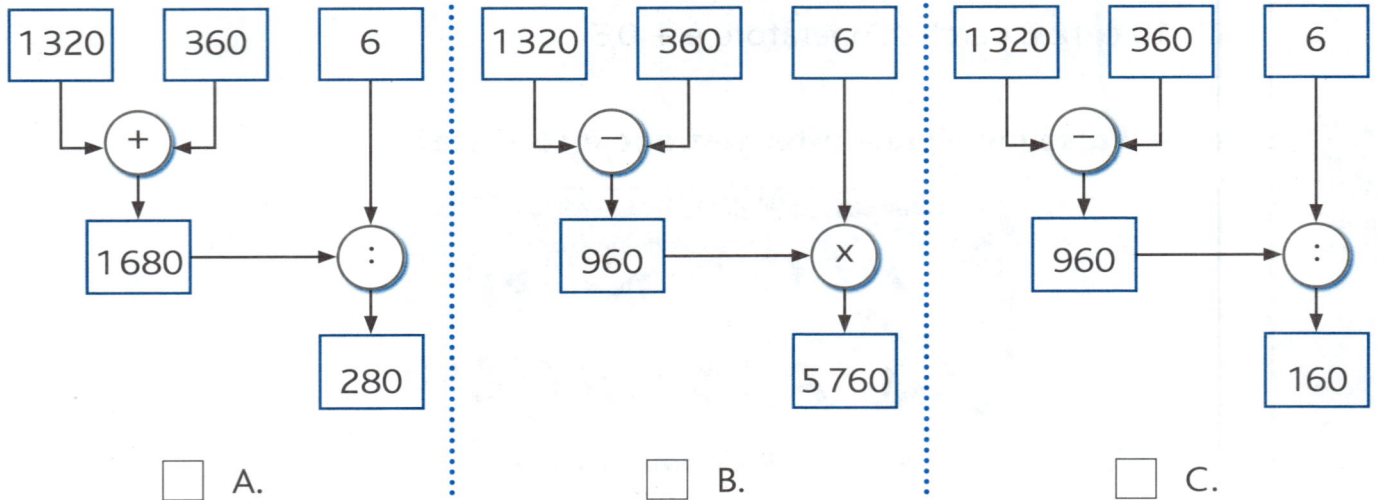

1 320	360	6

```
1 320   360          6
    ↓  ↓             ↓
    (+)
     ↓
  1 680 ──────→ (:)
                 ↓
               280
```
☐ A.

```
1 320   360          6
    ↓  ↓             ↓
    (−)
     ↓
   960 ──────→ (×)
                 ↓
              5 760
```
☐ B.

```
1 320   360          6
    ↓  ↓             ↓
    (−)
     ↓
   960 ──────→ (:)
                 ↓
               160
```
☐ C.

15 Indica se ogni affermazione è vera (V) o falsa (F).

a) Una linea spezzata chiusa forma un poligono. ⬡V ⬡F

b) L'angolo ottuso ha un'ampiezza maggiore dell'angolo retto. ⬡V ⬡F

c) In un triangolo è possibile tracciare 3 diagonali. ⬡V ⬡F

d) In un quadrato è possibile tracciare 2 diagonali. ⬡V ⬡F

e) Poligoni diversi per forma, ma con uguale perimetro, sono isoperimetrici. ⬡V ⬡F

f) Nel quadrato si può tracciare solo un asse di simmetria interno. ⬡V ⬡F

g) Poligoni diversi per forma, ma con uguale area, sono equiestesi. ⬡V ⬡F

h) Le figure che hanno la stessa forma, ma area diversa, sono congruenti. ⬡V ⬡F